十堰市古籍联合书目

康安宇 孙代峰 主编

国家图书馆出版社

图书在版编目(CIP)数据

十堰市古籍联合书目/康安宇,孙代峰主编.—北京:国家图书馆出版社, 2011.11

ISBN 978 - 7 - 5013 - 4495 - 6

Ⅰ.①十… Ⅱ.①康… ②孙… Ⅲ.①古籍—图书馆目录:联合书目—十堰市 Ⅳ.①Z838

中国版本图书馆 CIP 数据核字(2011)第 003957 号

书名	十堰市古籍联合书目
著者	康安宇　孙代峰　主编

出版	国家图书馆出版社(原北京图书馆出版社)
	(100034 北京市西城区文津街 7 号)
发行	010 - 66139745　66175620　66126153
	66174391(传真)　　66126156(门市部)
E - mail	btsfxb@ nlc. gov. cn(邮购)
Website	www. nlcpress. com→投稿中心
经销	新华书店
印刷	北京华正印刷有限公司
开本	787 × 1092 毫米　1/16
印张	12
版次	2011 年 11 月第 1 版　2011 年 11 月第 1 次印刷
字数	140 千字
书号	ISBN 978 - 7 - 5013 - 4495 - 6
定价	150.00 元

《十堰市古籍联合书目》编委会

顾　问：

廖延唐

主　编：

康安宇　孙代峰

编　委：（排名不分先后）

魏巨学　蒋　涛　祝东红　彭俏东　张　伟

李　红　李自永　殷　霞　童　超　张明庚

曾传林　康安宇

▲《增补四书精绣图像人物备考》清康熙三十四年(1695)泰和堂铜版刊

▲《靖逆记》清抄本

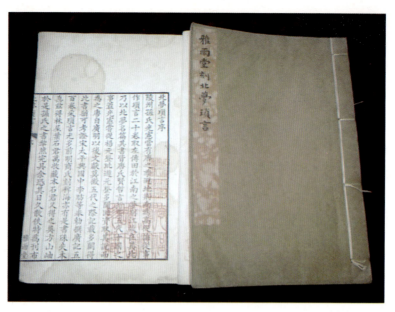

▲《北梦琐言》清乾隆二十一年(1756)德州卢氏刊《雅雨堂藏书》本

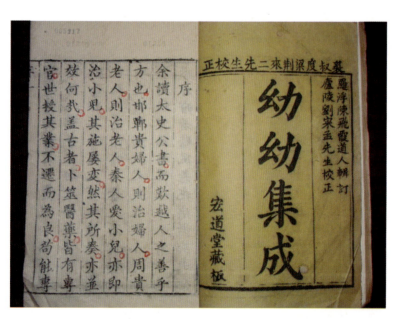

▲《幼幼集成》清乾隆十六年(1751)宏道堂刊

▲《庐陵欧阳文忠公集》清乾隆十一年(1746)孝思堂刊

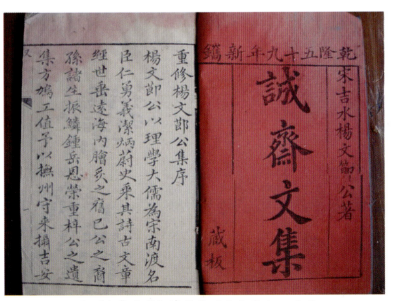

▲《诚斋文集》清乾隆五十九年(1794)刊

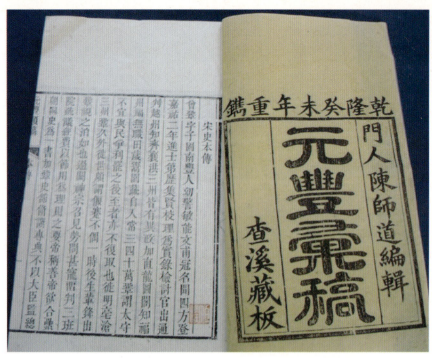

▲《元丰类稿》清乾隆二十八年(1763)查溪重刊

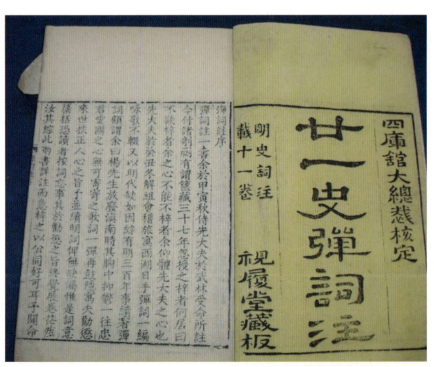

▲《廿一史弹词注》清乾隆五十一年(1786)视履堂刊

序

我国有五千年文明史，先民创造了光辉灿烂的中华文化。中国优秀文化已屹立于世界学术之林，先进的文化艺术及精湛的学术思想大都保存于文化典籍之中，珍惜和保护祖先遗留给我们的大量文化典籍，是每个炎黄子孙应尽的责任。

我国古籍之多而系统，远超世界诸文明古国，实为世界之冠。古籍之产生、发展、流传，得力于历代统治者重视文化教育的思想。历代懿君贤弼，无不究心稽古右文，勒之以天威、引之以微利，网罗载籍，振起士风，以昭文治之威。汉武帝"开献书之路"，"百年之内，书积如丘山"。汉成帝时，"使谒者陈农求遗书于天下"。隋文帝分遣使人，搜访异本，每书一卷，赏绢一匹，校写既定，本即归主，民间异本，往往间出。炀帝即位，秘阁之书，限写五十副本，隋嘉则殿藏书三十七万卷。唐太宗广购天下书，选五品以上子孙工者为书手，缮写藏于内库。唐玄宗诏公卿士庶之家，所有异书，官借缮写。开元年间，藏书合计八万余卷。宋以后雕版盛行，皇室所藏，远胜前代。历代统治者除广搜博采外，还作有目的之补充。隋代编有《阙书录》、唐代编有《访书录》、宋代编有《求书录》，历代官府藏书之盛，反映了中国文化图书事业之辉煌。

古代不仅官府重视藏书，私家藏书，亦代不乏人，其佼佼者，如张华载书三十车、杜兼聚书万卷、韦述蓄书二万卷、邺侯插架三万卷、吴兢一万三千四百余卷、李淑二万三千一百八十余卷、晁公武二万四千五百卷。明清两代，藏家尤多，藏书多而精，部分藏家，还从事编书、刻书、售书之业。私人藏书家在古籍之收藏、校刊、传播诸方面，立下丰功伟绩，颇得后人景仰。

中国古籍在发展、流传过程中，也遭遇了重大厄运。隋代牛弘在《请开献书之路表》中，列举了六朝以前图书所遭遇五次大灾难，称为"五厄"，明代胡应麟在《经籍会通》中，又概括了六朝以后图书毁损之五次大灾难，统计为"十厄"。"十厄"所举，是就荦荦大者而言。图书大厄，是指水、火、兵灾，其中以兵灾为最。牛、胡所举书厄，指官府之藏书。历代私人藏书，经水、火、兵灾而焚毁者更不胜枚举。时人近代，更增列强之掠夺、购求，古籍之外流，更成为一大厄，如日本三菱财团岩崎弥之助以十万元(银元)买下清末大藏家陆心源"皕宋楼"藏书。1900年甘肃敦煌鸣沙山千佛洞石窟中发现大量经卷、古籍及古艺术品,这是二十世纪初中国考古学上的一次重大发现,震惊了世界。遗憾的是,这批珍贵的中国文化遗产被英国斯坦因、法国伯希和、美国华尔纳、日本大谷光瑞等人先后以探险、考古为名,大量劫掠。斯坦因劫走七千卷,现藏英国伦敦不列颠博物馆。伯希和劫走二千五百卷,现藏巴黎国立图书馆。1900年八国联军入侵北京,劫掠大量中国文化遗产,其中亦有珍贵古籍。抗日战争期间,日本侵略者在南京一次就劫掠古籍二十余万册,运往日本。

解放前,古籍的保护并未得到政府重视,一些外国人所办的高等学校,有专门人员收罗中国古籍,运往国外。外国团体和个人带走的古籍,亦不在少数。

解放后,五十年代初,政府即明令古籍禁止出口,古籍得到有效保护。1975年,周总理住院病重期间,找有关干部,指示一定要"尽快地将全国古籍善本书总目编出来"。《中国古籍善本书目》是中国历史上空前的古籍善本大展示,在普查古籍的过程中,当时主要精力都集中在大、中型图书馆,部分小型图书馆,亦有古籍收藏,兼有善本,也是值得认真进行普查的。

十堰市图书馆,在市委市政府重视下,对市管区域内各图书馆所藏古籍进行了抢救、整理、普查。现就六馆所藏汇为《十堰市古籍联合书目》。这一文化工程经历了千辛万苦,在断断续续历时近十年的时间中,始终其事者为主编康安宇,其忠于职守,编目过程中上下奔走,备受辛劳,对各县馆古籍逐部考核,以期准确摸底,更求发现秘籍,以入善本之林。十堰地处鄂西北,地位边僻,明成化间建郧阳府后,于文教甫有萌芽,民智渐开,知学术之交通,必藉典籍之津导,其影响于政治、经济、道德、风俗者甚巨。《书目》中虽读本为多,但所涉面亦广,其中不乏善本。《书目》之出,对小馆宜重视古籍之整理,必有启迪之效。我国已有中国文化遗产日,对中国文化遗产热爱、保护之思想,与日俱增,必入"天风吹而百草生,阳和至而万卉芳"。

廖延唐

二〇〇六年十月

编　例

一、本目录所收为湖北省十堰市图书馆、竹山县图书馆、竹溪县文化馆、竹溪县图书馆、郧阳师范高等专科学校图书馆、郧县图书馆六馆所藏之古籍（依馆名首字笔画顺序排名）。

二、本目录收录范围，主要是1911年之前的刻本、活字本、铅印本、石印本、抄本书籍等，同时也包括1911至1949年中间出版的古典装帧形式、内容与中国古代文化有关的书籍。

三、本目录主要采用经、史、子、集四部分类，丛书部与新学部各自成一类，列在集部之后，目录共分六部类，每部类下又分若干小类。

四、凡书籍属某丛书之子书者，不入"丛书部"内，仍按子书内容入相关各类。

五、晚清、民国时期的部分自然科学著作，编入"新学部"内。

六、著录项目和著录格式：

书名项：包括卷数。

著者项：包括著者年代，列于书名项后。

版本项：列于著者项后。

附注项：列于版本项下。

入藏馆项：列于附注项下。

七、版本著录，凡年代可据或其他资料可考者，详著其刻印或写绘年代；年代失考者，则统称为某朝刻本、抄本等。

八、残缺不全之书，书名后仍著原卷数，于藏馆名之后注明"全"或"缺"情况。

九、入藏馆名代号：①—十堰市图书馆，②—竹山县图书馆，③—竹溪县文化馆，④—竹溪县图书馆，⑤—郧阳师范高等专科学校图书馆，⑥—郧县图书馆。

十、为便于检索，本目录附书名笔画索引。

目　录

经　部

史　部

子 部

集 部

丛书部

新学部

经 部

易类

0001 诚斋易传（又名杨文节公易传） 二十卷／（宋）杨万里撰. --清光绪二年（1876）重刊

④全

0002 周易本义 四卷／（宋）朱熹撰

1. 清同治十三年（1874）湖南书局刊

②缺（卷2－4）

③缺（卷2－4）

2. 清光绪三十三年（1907）宏道堂刊

②全

3. 清尚德堂刊

②缺（卷2－4）

4. 清学库山房刊

②缺（卷2－4）

5. 清江南城李光明庄状元阁刊

⑤全

0003 易经 四卷／（宋）朱熹注

1. 清慎诒堂刊

②缺（卷1）

2. 清爱日堂刊

②缺（卷2－4）

3. 清春华堂刊

③缺（卷1、3－4）

4. 民国商务印书馆刊

⑥全

0004 易经体注会解 二卷／（宋）朱熹本义. -- 清道光二十年（1840）古香书屋刊

②缺

③缺（卷2）

0005 易经集注 四卷／（宋）朱熹集注. --清江南城聚宝门状元阁刊

②缺（卷2－4）

③全

0006 易经体注会解 四卷／（明）来集之纂辑

1. 清咸丰二年（1852）刊

④全

2. 清光绪二年（1876）刊

1

④缺(卷2下)

0007　周易集注　十六卷／(明) 来知德注

1. 清顺治十八年(1661)刊

②缺(卷5－7)

2. 清宁远堂刊

②缺(卷4－5、8)

③缺(卷4－5、8－16)

3. 清刊

③缺(卷1－13)

0008　周易说翼　三卷／(明)吕 柟撰. --清光绪间刊《惜阴轩丛书续 编》本

⑤全

0009　易经备旨　七卷／(清)黄 淳耀原本　(清)严而宽增补　(清)邹 圣脉纂辑

1. 清光绪五年(1879)濯缨山房 重刊

②全

2. 清启元堂刊

④全

0010　易经备旨一见能解／(清) 黄淳耀原本. -- 清裕元堂刊

③缺(存卷1、3－4)

0011　易经旁训增订精义　三 卷／(清)徐立纲撰. --清光绪年间刊 《五经旁训增订精义丛书》本

②全

0012　英秀堂易经　三卷／(清) 朱锡英等撰. -- 清道光三十年 (1850)刊

④缺(卷1下、2上)

0013　易经体注大全合参　四 卷／(清)李兆贤辑　(清)来本臣 参. --清刊

⑥全

0014　御定易经通注　四卷／ (清)曹本荣等撰. --清光绪十七年 (1891)三余草堂刊《湖北丛书》本

⑤全

0015　读易札记　一卷／(清)关 棠撰. --民国四年(1915)刊

④全

0016　五彩绘图监本易经／(清) 佚名辑. --清宣统二年(1910)上海广 益书局刊

③缺(卷1)

0017　周易古义　七卷／杨树达

撰. -- 民国十八年（1929）中华书局刊

⑤全

0018　双剑誃易经新证　四卷／
于省吾撰. --民国二十六年（1937）北
平虎坊桥大业印刷局刊

⑤全

书类

0019　书经　六卷／（宋）蔡沈
集传

1. 清同治七年（1868）楚北崇文书
局刊

⑥全

2. 清光绪二十一年（1895）湖北官
书处刊

⑥全

3. 清光绪三十一年（1905）经国
堂刊

⑥缺（卷2－6）

4. 清爱日堂刊

②全

③缺（卷3－6）

5. 清宏道堂刊

②全

6. 清大道堂刊

②缺（卷3－6）

7. 清经文堂刊

②缺（卷3－6）

③缺（卷5－6）

8. 清聚英堂刊

②缺（卷3、5）

9. 清学源堂刊

③缺（卷2－3）

10. 清来鹿堂刊

③缺（卷3－4、6）

11. 清善成堂刊

③缺（卷1、4）

12. 清京口善化书局刊

⑥缺（卷1、4－6）

13. 清慎诒堂刊

⑥缺（卷2、5－6）

14. 清莲峰书屋刊

③缺（卷2、4－6）

15. 清聚魁堂刊

③全

0020　监本书经　六卷／（宋）蔡
沈集传

1. 清光绪二十五年（1899）文富
堂刊

②全

2. 民国七年（1918）上海广益书
局刊

②全

③缺（卷1－3）

0021　书经集传（又名书集传）

六卷／（宋）蔡沈撰

　　1.清光绪十九年（1893）湖南刊

　　②全

　　⑥缺（卷5－6）

　　2.清文奎堂刊

　　②全

　　3.清经文堂刊

　　②缺（卷3）

　　4.民国七年（1918）共和书局刊

　　⑥缺（卷3－6）

0022　钦定书经传说汇纂　二十一卷首二卷书序一卷／（清）王顼龄撰.--清刊

　　⑥缺（卷3－13、15－21）

0023　尚书古文疏证（又名古文尚书疏证）　八卷／（清）阎若璩撰.--清道光间眷西堂刊

　　②缺（卷2、4、8）

0024　书经备旨　七卷／（清）邹圣脉纂辑.--清刊

　　②全

0025　书经精义　四卷首一卷末一卷／（清）黄淦撰.--清嘉庆九年（1804）刊

　　⑥全

0026　尚书今古文注疏　三十卷／（清）孙星衍注疏.--民国二十四年（1935）上海商务印书馆刊《国学基本丛书》本

　　⑤全

0027　钦定书经图说　五十卷／（清）孙家鼐等撰.--清光绪三十一年（1905）武英殿刊

　　⑥缺（卷14－26、33－35、40－43）

0028　书经体注大全合参　六卷／（清）钱希祥参

　　1.清乾隆三十一年（1766）刊

　　②缺（卷3－6）

　　2.清乾隆四十六年（1781）东溪堂刊

　　⑥缺（卷4－6）

　　3.清两仪堂刊

　　⑥全

　　4.清湖南宝芸堂刊

　　⑥缺（卷3－6）

　　5.清务本堂刊

　　②缺（卷3－6）

　　6.清松盛堂刊

　　⑥缺（卷3－4）

　　7.清宏道堂刊

　　②缺（卷3－6）

　　8.清文诚堂刊

　　②缺（卷3－6）

9.清大文堂刊

②缺(卷3-6)

10.清刊

④全

11.民国九年(1920)泰记书局刊

⑥缺(卷3-4)

0029　尚书离句　六卷／(清)钱在培辑

1.清光绪三十二年(1906)家道堂刊

②全

2.清刊

⑥缺(卷1-4)

3.民国十一年(1922)刊

④全

4.铸记书局刊

③缺(卷1-2)

0030　禹贡本义　一卷／(清)杨守敬撰. --清光绪三十二年(1906)鄂城菊湾刊

④全

0031　书经备解　一卷／(清)鲁东山辑. -- 清道光三年(1823)刊

②全

诗类

0032　毛诗　二十卷附考证／(汉)毛亨传　(汉)郑玄笺　(唐)陆德明音义. -- 清刊《仿宋相台五经附考证》本

⑤全

0033　毛诗注疏　三十卷附考证／(汉)毛亨传　(汉)郑玄笺　(唐)陆德明音义. -- 清同治十年(1871)重刊

⑤全

0034　韩诗外传　十卷／(汉)韩婴撰. --清刊

②缺(卷1-2)

0035　诗经　八卷／(宋)朱熹集传

1.清雍正十三年(1735)永顺堂刊

③缺(卷3、7-8)

2.清同治七年(1868)楚北崇文书局刊

⑥全

3.清光绪十二年(1886)森宝书局刊

②缺(卷5-8)

4.清光绪二十一年(1895)尚德书

局刊

　②全

　5.清光绪二十八年（1902）益友山房重刊

　②缺（卷5－8）

　6.清光绪二十九年（1903）尚德书局刊

　②缺（卷6－8）

　7.清光绪三十四年（1908）鸿发书局刊

　②缺（卷5－8）

　8.清宣统元年（1909）宏道堂刊

　②全

　9.清笔花楼刊

　③全

　10.清两仪堂刊

　③缺（卷3－8）

　⑥缺（卷1－3、6－8）

　11.清三让堂刊

　③缺（卷3－8）

　⑥缺（卷1－2、4－8）

　12.清天兴堂刊

　③缺（卷3－8）

　13.清汇源堂刊

　③缺（卷1－2）

　14.清恒盛堂刊

　③缺（卷1－2、4－8）

　15.清文源堂刊

　③缺（卷3－8）

　16.清善成堂刊

　③缺（卷4－5）

　17.清万顺堂刊

　③缺（卷3－8）

　18.清英德堂刊

　③缺（卷1－2、7－8）

　19.清仁记书庄刊

　③缺（卷1－2、4－8）

　20.清世顺堂刊

　③缺（卷3）

　21.清慎诒堂刊

　⑥缺（卷4－5）

　22.清爱日堂刊

　⑥缺（卷3－8）

　23.清聚魁堂刊

　⑥缺（卷4－8）

　24.清宏道堂刊

　⑥缺（卷4－8）

　25.清湖南宝庆经国堂刊

　⑥缺（卷3－8）

　26.民国十四年（1925）上海昌文书局刊

　②缺（卷5－6）

0036　诗经集传　八卷末一卷／（宋）朱熹集传

　1.清光绪十八年（1892）京口善化书局刊

　⑤全

　2.清光绪二十二年（1896）三味堂刊

②全

0037　监本诗经　八卷／（宋）朱熹注

1. 清章福记书局刊
③缺（卷1－2、6－8）
2. 民国七年（1918）清和天宝书局刊
③全
⑥缺（卷1－4、7－8）

0038　钦定诗经传说汇纂　二十一卷首二卷诗序二卷／（清）王鸿绪等撰

1. 清同治十年（1871）湖北崇文书局刊
⑥缺（卷2－4、8－9、15－21）
2. 清刊
③缺（卷2－5、8－21）

0039　诗经备旨　八卷／（清）邹圣脉纂辑

1. 光绪二十三年（1896）刊
③缺（卷5）
2. 清刊
②缺（卷1－2）

0040　新增诗经补注附考备旨　八卷／（清）邹圣脉纂辑. -- 清刊
⑥缺（卷3－5）

0041　御纂诗义折中　二十卷／（清）傅恒等撰. --清文光堂刊
②缺（卷7－8）
③缺（卷3－13、16－20）

0042　毛诗传笺通释　三十二卷／（清）马瑞辰撰. --民国二十五年（1936）上海中华书局刊《四部备要》本
②全

0043　诗经体注大全合参　八卷／（清）沈世楷辑　（清）沈存仁参

1. 清宣统三年（1911）宝庆澹雅书局刊
⑥缺（卷3、6－8）
2. 清刊
⑥全
③缺（卷4、8）
④缺（卷1－3）

0044　诗经体注图考　八卷／（清）沈世楷辑

1. 清道光二十年（1840）古香书屋刊
③缺（卷5－8）
2. 清光绪二年（1876）刊
④全
3. 清经元堂刊
②缺（卷3－8）

0045　诗毛氏传疏　三十卷/（清）陈奂撰. -- 清道光二十七年（1847）吴门南园陈氏扫叶山庄刊《陈氏毛诗五种》本
⑤全

0046　诗经备解　一卷/（清）鲁东山辑. -- 清道光三年（1823）刊
②全

0047　诗经读本　八卷/（清）佚名辑
1.清宣统二年（1910）上海铸记书局刊
②缺（卷5 - 8）
③缺（卷3 - 4）
2.清刊
③缺（卷3 - 4）

0048　五彩绘图监本诗经　八卷/（清）佚名辑
1.清宣统二年（1910）广益书局刊
⑥全
2.清尚文堂刊
②缺（卷2 - 8）
3.清聚文堂刊
②缺（卷2 - 8）
4.民国上海广益书局刊
②缺（卷2 - 8）
③缺（卷5 - 8）

礼类

周礼

0049　周礼注疏　四十二卷/（汉）郑玄注
1.清嘉庆二十年（1815）江西南昌府学刊
②全
2.清英德堂刊
②缺（卷1 - 2、4 - 42）

0050　周官析疑　三十六卷/（清）方苞撰. -- 清杭布堂刊
⑥缺（卷32 - 36）

0051　周礼政要　四卷/（清）孙诒让撰. -- 清光绪二十八年（1902）瑞安普通学堂刊
②缺（卷1 - 2）

0052　周礼精华　六卷/（清）陈龙标撰. -- 清刊
③缺（卷1 - 2）

0053　周官精义　十二卷/（清）连斗山撰
1.清道光间刊
②缺（卷1 - 6、9 - 12）

2.清刊

⑥缺(卷1－7、10－12)

**0054　周礼节释　十二卷／(清)
鲍梁撰**

　1.清桂华楼刊

　②缺(卷7－12)

　2.清刊

　③缺(卷1－2、6－8)

　⑥缺(卷1－5、9－12)

**0055　周礼节训　六卷／(清)黄
叔琳原定. --清光绪十二年(1886)扫
叶山房刊**

　⑤全

仪礼

**0056　仪礼注疏附考证　十七
卷／(汉)郑玄注　(唐)陆德明音义
(唐)贾公彦疏. -- 清乾隆四年(1739)
武英殿刊《十三经注疏附考证》本**

　⑤全

**0057　礼记注疏附校勘记　六十
三卷／(汉)郑玄注　(唐)孔颖达疏
(唐)陆德明释文. --清嘉庆二十年
(1815)江西南昌府学刊《重订宋本十
三经注疏》本**

　⑤全

**0058　仿宋严州仪礼／(汉)郑玄
注. --清同治七年(1868)湖北崇文书
局刊**

　②缺

**0059　钦定仪礼义疏　四十八卷
首二卷／(清)鄂尔泰等撰**

　1.清同治十年(1871)湖北崇文书
局刊

　⑥缺(卷14、18－21、23、25、32－
33、36－37、42－43、48)

　2.清刊

　④缺(卷26、28)

**0060　仪礼图　六卷／(清)张惠
言撰. --清同治九年(1870)楚北崇文
书局重刊**

　②缺(卷3－4)

礼记

**0061　礼记　十卷／(汉)郑玄
注. --清同治七年(1868)楚北崇文书
局刊**

　②全

**0062　礼记集说　十卷／(元)陈
澔撰. --清光绪三十年(1904)劝学书
舍重刊**

　②缺(卷9－10)

0063 慎诒堂礼记 十卷／（元）陈澔集说

1.清令德堂刊

④全

2.清经文堂刊

⑥缺（卷2－9）

0064 礼记全文备旨 十一卷／（清）邹圣脉纂辑

1.清芸生堂刊

②缺（卷4－6）

③缺（卷3－6、9－11）

2.清刊《五经备旨丛书》本

⑥缺（卷1－5、8－11）

0065 礼记旁训 六卷／（清）徐立纲撰. --清刊

②缺（卷1、3－4、6）

0066 五礼通考 二百五十八卷首四卷／（清）秦蕙田撰. --清乾隆十八年(1753)秦氏味经窝刊

④全

0067 读礼通考 一百二十卷／（清）徐乾学撰. --清光绪七年(1881)江苏书局重刊

④全

0068 礼记审度 四卷／（清）彭

颐撰. --清嘉庆十四年(1809)刊

④全

0069 漱芳轩合纂礼记体注 四卷／（清）范翔撰. --清光绪二十八年(1902)咏梅书局刊

③全

0070 礼记体注大全 四卷／（清）范翔参订

1.清道光二十年(1840)古香书屋刊

③缺（卷3－4）

2.清光绪二十八年(1902)刊

③全

3.清经文堂刊

⑥全

0071 全本礼记体注大全合参 十卷／（清）范翔原定 （清）徐旦参订 （清）徐瑄补辑

1.清光绪八年(1882)湖南宝芸堂刊

⑥全

2.清光绪二十一年(1895)澹雅书局刊

⑥缺（卷7）

3.清刊

②全

③缺

⑥缺

0072　礼记体注（又名礼记大全合参）　四卷／（清）曹士玮撰. --清光绪三十一年（1905）经纶森宝书局刊

②全

0073　礼记体注大全　八卷／（清）朱光斗撰. --清咸丰二年（1852）刊

④缺（卷5）

0074　礼记集解　六十一卷／（清）孙希旦注. --民国年间上海商务印书馆刊《国学基本丛书》本

⑤缺（存卷1－12）

0075　三礼约编／（清）汪基撰. --清刊

⑥缺（存礼记约编）

0076　礼记备解　一卷／（清）鲁东山辑. --清道光三年（1823）家塾刊

②全

0077　家礼宗　四卷／（清）佚名辑. -- 清刊

②缺（卷1－2）

0078　礼让兴家宝／（清）佚名辑.

-- 清同治十一年（1872）竹溪县刊

③全

0079　礼记体注贯解　四卷／（清）佚名辑. --清道光三年（1823）刊

③全

0080　增补批点礼记易读旁训／（清）佚名辑. -- 清光绪三十三年（1907）宏道堂刊

②缺（存卷1－2）

③缺（存卷1、3－4）

0081　钦定礼记义疏　八十二卷首一卷／（清）允禄等撰. --清刊

②缺（卷2－82）

⑥缺（存8册）

春秋类

春秋左传

0082　春秋左传集解　三十卷首一卷／（晋）杜预撰　（唐）陆德明音释（清）冯李骅集解

1. 清同治七年（1868）湖北崇文书局刊

⑥全

2. 清光绪十二年（1886）湖北官书

处重刊

⑥全

3.清光绪间桂垣书局刊

④全

0083　春秋左传杜林合注　五十卷／（晋）杜预注

1.清道光二十年（1840）刊

③缺（卷9－50）

2.清咸丰二年（1852）刊

④全

3.清光绪二十一年（1895）湖南书局重刊

②缺（卷21－23）

4.清文渊堂刊

⑥缺（卷5－8、15－17、21－43、47－50）

0084　新订批注左传快读　十八卷／（晋）杜预注　（清）李绍崧选订

1.清刊

②缺（卷8、15－18）

2.上海广益书局刊

④缺（卷15、18）

0085　春秋左传注疏附释音　六十卷／（唐）孔颖达等撰.--清光绪十八年（1892）湖南宝庆务本书局重刊《重刊宋本左传注疏附校勘记》本

⑤全

0086　东莱博议　四卷／（宋）吕祖谦撰

1.清光绪二十四年（1898）尚友堂刊

③全

2.清光绪二十四年（1898）善成堂刊

②缺

3.清光绪二十八年（1902）经元书局刊

②全

4.清光绪二十九年（1903）咏梅书局刊

②缺（卷2－4）

5.清宣统三年（1911）宝庆仁记书舍刊

②全

6.清刊

⑥缺（卷1－3）

7.民国三年（1914）刊

②全

0087　春秋　十七卷／（明）秦镤订正.--清刊

⑤全

0088　春秋　三十卷／（清）佚名辑.--清光绪间四川善成堂刊

封题奎壁春秋

⑤全

0089　春秋大事表摘要／（清）顾栋高撰．--清刊
　　⑥缺（存卷4）

0090　春秋地名辨异　三卷／（清）程廷祚撰．--清刊
　　④全

0091　春秋职官考略　三卷／（清）程廷祚撰．--清光绪二十四年（1898）江宁傅氏晦斋刊《金陵丛刻》本
　　④全

0092　左传事纬　十二卷附录八卷／（清）马骕撰．--清同治七年（1868）朝宗书室刊本
　　⑤全

0093　春秋分国左传（左氏节萃）十卷／（清）凌璿王辑．--清金闾书业堂刊
　　⑤全

0094　钦定春秋左传读本　三十卷／（清）英和等撰．--清咸丰元年（1851）邵州濂溪讲院刊
　　⑥缺（卷14-30）

0095　春秋备旨　十二卷／（清）邹圣脉纂辑
　　1.清芸生堂刊
　　③缺（卷3-9）
　　2.清刊
　　②全
　　3.清刊《五经备旨丛书》本
　　③缺（卷9-12）

0096　御纂春秋直解　十二卷／（清）傅恒等撰．--清光绪三十二年（1906）刊
　　⑥缺（卷4）

0097　左传选／（清）储欣评．--清二南堂刊
　　⑥缺（卷11-14）

0098　春秋志　十五卷／（清）汤秀琦撰．--清刊
　　④缺（卷3-9）

0099　重订春秋体注大全　四卷／（清）周炽纂辑．--清乾隆五十四年（1789）五凤楼刊
　　②全

0100　春秋恒解　八卷／（清）刘沅撰．--民国十一年（1922）北京道德学社重印
　　⑥缺（卷2、4-8）

0101　春秋例表　三十八卷/
（清）王代丰撰　（清）昙文等增订编次. --清光绪三十四年(1908)东州刊
④全

0102　批点春秋左传纲目句解
六卷/（清）韩荄重订
1. 清同治十三年(1874)永顺堂刊
③缺(卷2、6)
2. 清光绪五年(1879)永顺堂刊
③缺(卷2、5-6)
3. 清光绪十年(1884)刊
④全
4. 清光绪十八年(1892)重刊
④全
5. 清光绪二十九年(1903)经元书室刊
③缺(卷3-4)
6. 清宣统元年(1909)上海共和书局刊
③缺(卷4-6)
7. 清同德堂刊
⑥全
8. 清善成堂刊
②缺(卷2-6)
③缺(卷3-4)
9. 清宏道堂刊
②缺(卷2-6)
③缺(卷2-6)
10. 清宏德堂刊

③缺(卷3-6)
11. 清旧学山房刊
⑥缺(卷1、3、5-6)
12. 清令德堂刊
③缺(卷1-2、5)
⑥缺(卷1-4)
13. 清文奎堂刊
⑥缺(卷2、5-6)
14. 民国九年(1920)上海天宝书局刊
②缺(卷6)
③缺(卷2-3)
15. 民国十一年(1922)文奎堂刊
②全
16. 民国二十五年(1936)刊
②缺(卷2-6)
17. 民国上海文华书局刊
②缺(卷2、4-6)

0103　春秋左绣　三十卷/（清）
冯李骅等辑
1. 清道光二十九年(1849)文立堂刊
⑥全
2. 清经元堂刊
②全
3. 清上海会文堂刊
⑥缺(卷1-14、17-18、21-26)

0104　左传易读　六卷/（清）司

徒修撰. --清道光间来鹿堂刊

　　③缺(卷2-6)

　　⑥缺(卷1-3)

0105　白话译注春秋左传　四卷／周赤凤编译. --民国间上海中原书局刊

　　②缺(卷3)

春秋公羊谷梁传

0106　春秋繁露　十七卷／(汉)董仲舒撰. --清光绪二年(1876)浙江书局据卢氏抱经堂本重刊《二十子全书》本

　　⑤全

0107　春秋公羊传　十一卷／(汉)何休解诂　(唐)陆德明音义

　　1. 清光绪十二年(1886)湖北官书处重刊

　　⑤全

　　2. 清光绪二十五年(1899)宝庆益元堂刊

　　⑥全

　　3. 清刊

　　②缺(卷2-11)

0108　春秋公羊传注疏　二十八卷附校勘记／(汉)何休撰. --清光绪

十三年(1887)脉望仙馆刊《重刊宋本十三经注疏附校勘记》本

　　⑤全

0109　春秋谷梁传　十二卷／(晋)范宁集解　(唐)陆德明音义

　　1. 清光绪间益元堂刊

　　⑥缺(卷1-3、6-9)

　　2. 清刊

　　②缺(卷1-3、7-12)

0110　春秋谷梁传注疏　二十卷附校勘记／(晋)范宁集解　(唐)杨士勋疏. -- 清光绪十三年(1887)脉望仙馆刊《重刊宋本十三经注疏附校勘记》本

　　⑤全

0111　公羊谷梁春秋合编附注疏纂　十二卷／(明)朱泰贞撰. --清刊

　　②缺(卷1-2、6-8)

0112　公羊义疏　七十六卷／(清)陈立撰. --民国间上海商务印书馆刊《国学基本丛书》本

　　⑤缺(卷59-76)

0113　春秋公羊传笺　十一卷／(清)王闿运撰. --清光绪三十四年(1908)刊

④全

0114　谷梁申义　一卷／（清）王闿运撰. --清光绪十七年（1891）刊

④全

0115　春秋公羊谷梁传合刻　二十三卷／（清）佚名辑. --民国五年（1916）上海大成书局刊

⑥全

四书类

0116　论语　二十卷／（魏）何晏集解. --民国间中华书局聚珍仿宋版刊《四部备要》本

①全

0117　孟子　七卷／（宋）朱熹集注. --清刊

②缺

0118　增补苏批孟子　二卷／（宋）苏洵批注　（清）赵大浣增补. --清聚祜堂刊

②缺（卷2）

0119　四书／（宋）朱熹集注

1. 清慎诒堂刊

③缺（存大学中庸章句）

2. 清襄如堂刊

③缺（存大学中庸章句）

3. 清益元堂刊

③缺（存大学中庸章句）

4. 清永顺堂刊

③缺（存大学中庸章句）

5. 清世顺堂刊

③缺（存大学中庸章句）

6. 清文诚堂刊

③缺（存大学中庸章句）

0120　四书集注　十九卷／（宋）朱熹撰

1. 清会友堂书庄刊

②缺

2. 清湖南经国堂刊

②缺

3. 民国元年（1911）上海广益书局刊

③缺（存孟子4－5）

4. 民国四年（1915）上海章福记书局刊

②缺

5. 民国四年（1915）上海广益书局刊

③缺（存孟子6－7）

6. 民国五年（1916）上海炼石斋书局刊

②缺

③缺（存孟子上中下）

7. 民国二十四年（1935）商务印书馆刊

⑤全

8. 锦章图书局刊

③缺（存孟子1-5）

9. 上海育文书局刊

③缺（存大学中庸）

0121　四书集注本义汇纂／（宋）朱熹集注

1. 清敦复堂刊

②缺（存3册）

2. 清刊

②缺

③缺

0122　增删四书朱子大全精言／（宋）朱熹撰

1. 清宝旭斋刊

②缺

2. 清玉兰堂刊

②缺

0123　铜板四书旁音正义／（宋）朱熹集注. --清荣顺堂刊

②缺（存3册）

0124　四书体注／（宋）朱熹集注. --清刊

②缺

0125　四书章句集注　十九卷／（宋）朱熹撰

1. 清爱日堂刊

⑥缺（存大学中庸）

2. 清慎诒堂刊

⑥缺（存大学中庸）

3. 清宏道堂刊

⑥缺（存大学中庸）

4. 清刊

④缺

0126　大学衍义　四十三卷／（宋）真德秀撰. --清同治十三年（1874）金陵书局刊

④全

⑤全

0127　增补四书精绣图像人物备考　十二卷／（明）薛应旂撰　（明）陈仁锡增定

1. 清康熙三十四年（1695）泰和堂铜版刊

②缺（存6册）

⑥缺（卷1-3、5-10）

2. 清道光二年（1822）桂华楼刊

⑥缺（卷3-4、8、11-12）

3. 清二南堂刊

⑥全

0128　四书补注备旨／（明）邓林撰

1. 清乾隆五十年（1785）经纶堂刊

③缺（存卷1）

2. 清光绪二十一年（1895）湖南书局重刊

③缺（存大学卷1、孟子下卷3－4）

⑥缺（存大学中庸、孟子上下、论语上下）

3. 清善成堂刊

②缺（论语上）

4. 清芸生堂刊

③缺（存卷1）

5. 清澹雅书局刊

②缺

6. 清务本堂刊

②缺

7. 清森宝斋刊

②缺

8. 清文运书局刊

②缺

9. 民国十年（1921）上海共和书局刊

③缺（存大学中庸）

10. 民国上海广益书局刊

⑥缺（存论语上、孟子上下）

11. 上海锦章图书局刊

③缺（存卷2）

0129　论语正义　二十四卷／

（清）刘宝楠撰．--清刊

②缺（存3册）

0130　孟子正义　三十卷／（清）焦循撰．--民国间刊

⑤全

0131　孟子述义　二卷／（清）单为鏓撰．--民国二年（1913）刊

④全

0132　论语义述　二卷／（清）佚名辑．--民国武昌察院坡黄粹文刊

④全

0133　乡党图考　十卷／（清）江永撰

1. 清三让堂刊

⑥缺（卷5－10）

2. 清刊

②缺（卷1－2）

③缺（卷1－6）

0134　四书问答　二十四卷／（清）戴大昌撰．--清宣统元年（1909）益元书舍刊

②缺

0135　日讲四书解义　二十六卷／（清）库勒纳等撰

1.清康熙十六年(1677)刊

②缺(卷1、20、22、25-26)

2.清刊

⑥缺(卷1-19、21、23-24)

0136　四书发注　十卷／(清)朱
奇生编. -- 清大文堂刊

②缺

0137　四书题镜／(清)汪鲤翔撰

1.清乾隆五十年(1785)刊

②缺

2.清刊

②缺

0138　四书撮言　十二卷／(清)
胡斐才撰

1.清乾隆二十八年(1763)刊

②缺

2.清道光二十一年(1841)刊

②缺

3.清光绪十八年(1892)益元书
局刊

⑥缺

4.清大文堂刊

⑥缺(存序大学中庸论语)

0139　四书注疏撮言大全／(清)
胡斐才辑. -- 清刊

③缺

0140　四书典制类联音注　三十
三卷／(清)阎其渊撰

1.清嘉庆元年(1796)萧山县署刊

④缺(卷1-20、23-33)

2.清经元堂刊

②缺

3.清刊

⑥缺

0141　四书经史摘证　七卷／
(清)宋继种辑

1.清光绪二十八年(1902)拜经精
舍重刊

②缺

2.清光绪二十九年(1903)上海印
局刊

⑥全

0142　四书字诂　七十八卷／
(清)段谔廷撰. -- 清道光二十九年
(1849)刊

⑥全

0143　学庸集要／(清)萧开运
撰. -- 清景贤斋刊

⑥缺(存大学中庸集要)

0144　乡党应酬全集／(清)邓炳
震辑. -- 清光绪十二年(1886)文成
堂刊

③缺

0145　四书味根录／(清)金澂撰

1.清咸丰九年(1859)刊

⑥全

2.清道光十七年(1837)粲花吟馆刊

②缺

③缺(存大学中庸)

3.清道光二十六年(1846)粲花吟馆刊

②缺

4.清光绪七年(1881)玉尺山房刊

③缺(存论语1－17、中庸1－2、孟子1－4、7－8、11－14)

⑥缺(存大学、中庸1－2、孟子3－14、论语11－14)

5.清光绪七年(1881)刊

②缺

6.清光绪十七年(1891)鸿宝斋重刊

⑤全

7.清光绪二十九年(1903)上海鸿宝斋重刊

⑥全

0146　四书人物类典串珠　四十卷／(清)臧志仁撰

1.清嘉庆六年(1801)刊

②缺

③全

2.清嘉庆十四年(1809)刊

②缺

3.清光绪二十四年(1898)益元书局刊

⑥缺(卷12－19)

4.清爱莲堂刊

⑥缺(卷1－4、6－15、19－25)

5.清益和堂刊

⑥缺(卷13－14、25、30)

6.清刊

③缺(卷1－3、22－25、34－40)

0147　四书大全摘要／(清)李武辑

1.清经纶堂刊

⑥缺(存序－2、大学、孟子1－3、5、论语4－5、7－8)

2.清刊

②缺(论语卷2)

0148　绘图四书速成新体读本／(清)王有宗等撰

1.清光绪三十二年(1906)澹雅书局刊

②缺(存论语)

2.清光绪三十三年(1907)昭陵书舍刊

⑥全

3.清重庆正蒙社刊

⑥缺(存论语4-5、孟子4)

4.清刊

②缺(存卷1)

0149 四书类典赋 二十四卷／
(清)甘驭麟撰

1.清经元堂刊

②缺(卷12-24)

2.清刊

②缺(卷1-7、11-24)

⑥缺(卷5、8-18、21-24)

0150 项太史全稿／(清)项煜
撰. --清光绪十四年(1888)长沙经济
书局重刊

⑥缺(存论语大学中庸孟子)

0151 增订注释栢蕴皋全稿／
(清)栢谦撰 (清)汤序东注释. --
清刊

⑥缺(存大学中庸、论语上下)

0152 四书反身录 八卷／(清)
李颙撰. --清道光十一年(1831)浙江
书局刊

④全

0153 四书考异 七十二卷／
(清)翟灏撰. --清精专阁覆刊

②缺(存2册)

0154 道生堂课士草 三集／
(清)钟声撰. --清光绪五年(1879)
重刊

⑥全

0155 四书经注集证 十九卷／
(清)吴昌宗撰. --清刊

⑥缺

0156 四书读本辨义 七卷／
(清)刘庆观撰

1.清富春堂刊

④全

2.清爱日堂刊

③缺(卷4)

0157 四书略言注解／(清)许西
园辑. -- 清文秀堂刊

③缺(存卷1)

0158 四书六经经义新编／(清)
俞樾撰. --清光绪二十八年(1902)刊

②缺(存3册)

0159 四书述要 十卷／(清)杨
玉绪撰

1.清宏道堂刊

②缺

2.清刊

④缺

0160　四书遵注合讲／（清）翁复撰. --清雍正八年（1730）酌雅斋刊

　　③缺

0161　新增四书备旨灵捷解／（清）张素存撰　（清）邹苍崖辑. --清同文会刊

　　②缺

0162　四书引解　二十六卷／（清）邓柱澜纂辑

　　1.清三让堂刊

　　③缺（卷2－26）

　　2.清刊

　　②缺（卷5－6、8－12、16－17、20、24－26）

0163　四书心言／（清）佚名辑. --清刊

　　②缺

0164　四书蒙求／（清）佚名辑

　　1.清道光九年（1829）崇道堂刊

　　⑥缺（存大学中庸、论语卷6－10）

　　2.清道光二十年（1840）树德堂重刊

　　⑥缺（存孟子序－卷3）

0165　四书大注汇纂合讲题镜串珠合纂／（清）佚名辑. --清道光十一年（1831）刊

　　②缺

0166　四书／（清）佚名辑. --清光绪元年（1875）湖北崇文书局刊

　　⑤全

0167　四书辨疑　十五卷／（清）佚名辑. --清刊

　　②缺（卷4－15）

0168　四书白话解说／江希张撰

　　1.民国九年（1920）上海书业公所刊

　　⑥缺

　　2.民国十三年（1924）上海六艺书局刊

　　②全

0169　四书白话注解　二卷／冯宗道注解. --民国十三年（1924）上海炼石斋书局刊

　　②全

0170　注音字母四书白话句解／周觊光等演绎　王云轩绘图. --民国十六年（1927）上海求古斋刊

　　⑤全

0171 女子四书读本 上下卷／
王晋升笺注. --民国九年（1920）刊
　②缺（卷下）

孝经类

**0172 孝经解 一卷／（汉）郑玄
解. --清宣统间刊**
　⑤全

诸经总义类

**0173 经典释文 三十卷／（唐）
陆德明撰**
　1.清康熙十九年（1680）通志堂刊
　⑤全
　2.清同治十三年（1874）成都尊经
书院据卢氏本重刊
　④全
　3.清光绪十五年（1889）湖南书
局刊
　④缺（卷28）

**0174 五经同异 三卷／（清）顾
炎武撰. --清嘉庆间常熟蒋氏省吾堂刊**
　②缺（卷1、3）

0175 经字异同 四十八卷／

（清）张维屏撰. --清光绪五年（1879）
清泉精舍刊
　②缺（存4册）

**0176 皇清经解 一千四百卷／
（清）阮元辑**
　1.清嘉庆十七年（1812）养一斋刊
　②缺（存2册）
　2.清光绪十三年（1887）上海书
局刊
　④缺（卷25－27）
　⑥缺（存53册）

**0177 重刊宋本十三经注疏附校
勘记 四百一十六卷／（清）阮元校勘
（清）卢宣旬摘录**
　1.清嘉庆二十年（1815）南昌府
学刊
　②缺（存50册）
　⑥缺（存10册）
　2.清道光六年（1826）据嘉庆二十
年江西本刊
　⑥缺（存46册）
　3.清同治十年（1871）广东书局刊
　④缺（毛诗5－7）
　4.清同治十三年（1874）湖南书
局刊
　⑥缺（存49册）
　5.民国十三年（1924）上海扫叶山
房刊

⑤全

0178 十三经注疏校勘记(皇清经解) 二百四十八卷／（清）阮元撰. --清光绪中上海点石斋刊

⑥缺（存25册）

0179 御纂七经 七种／（清）奉敕撰. --清同治十年（1871）湖北崇文书局刊

④缺（1种）

0180 四经精华 四种三十七卷／（清）魏朝俊辑

1. 清道光二十九年（1849）光韪堂刊

②缺（易经精华）

2. 清光绪二十年（1894）学库山房刊

③缺（存易经精华卷1）

⑥全

0181 七经精义／（清）苏淦撰. --清嘉庆十三年（1808）刊

⑥缺（存春秋精义卷1-4）

0182 古经解汇函 二十三种一百二十六卷／（清）钟谦钧等编辑. --清光绪十五年（1889）湘南书局刊

④缺（种15、23）

0183 十一经音训 二十六卷／（清）杨国桢撰. --清光绪三年（1877）湖北崇文书局刊

⑤全

0184 宋人经义约抄 三卷／（清）潘守廉撰. --清光绪二十七年（1901）刊

④全

0185 十三经证异 七十九卷／（清）万希槐撰. --民国十二年（1923）刊

④全

0186 经义联珠／（清）郭坛撰. --清嘉庆十八年（1813）刊

②缺（存4册）

0187 五经备旨／（清）邹圣脉辑. -- 清刊

④缺

⑥缺（存诗经备旨、春秋备旨）

0188 石经汇函九种 四十卷／（清）徐崇道编辑. -- 清光绪九年（1883）刊

②缺（存石经考一卷、唐石经校文

十卷、石经考文提要十三卷［缺卷7－8］、石经补考十一卷［缺卷3－5］）

0189　钦定春秋传说汇纂　三十八卷首二卷／（清）王掞等撰. --清嘉庆十五年(1810)刊

⑥缺(卷3－8)

0190　皇清经解编目(缩印本)／(清)陶治元撰. --清光绪二十二年(1896)上海鸿宝斋石印

④全

0191　皇朝五经汇解　二百七十卷／(清)抉经心室主人撰. --清光绪十四年(1888)上海鸿文书局刊

②缺(1－5、23－48、93－135、169－192、226－232、250)

0192　十三经读本／（清）佚名辑. --清同治中金陵书局刊

④缺(存春秋左传杜注补辑)

0193　四书五经　上中下册／国学整理社编纂. -- 民国二十五年(1936)上海世界书局刊

⑤全

0194　铜版四书五经/佚名辑. --民国二十五年(1936)国学整理社刊

①全

小学类

说文

0195　说文解字　十五卷／（汉）许慎撰. --民国十二年(1923)上海马启新书局刊

⑤全

0196　说文解字　十五卷／（汉）许慎撰　(宋)徐铉等校定. --清刊

⑤全

0197　说文解字徐氏系传　四十卷／(南唐)徐锴传释. -- 清道光十九年(1839)刊

⑤全

0198　说文解字义证　五十卷／(清)桂馥撰

1.清同治十九年(1870)湖北崇文书局刊

④全

2.清刊

②缺(存2册)

0199　说文解字注　三十卷附表

二卷／（清）段玉裁撰

  1.清嘉庆二十年（1815）刊

  ②缺（卷16－32）

  2.清同治十一年（1872）湖北崇文书局重刊

  ⑤缺

  3.清刊

  ⑥缺

0200　说文解字注　十五卷／（清）段玉裁撰．--民国上海扫叶山房刊

  ⑥缺（存6册）

0201　汲古阁说文订　一卷／（清）段玉裁撰．--清刊

  ②全

0202　说文引经考证　八卷／（清）陈瑑撰．--清同治十三年（1874）湖北崇文书局刊

  ④全

0203　说文解字句读　三十卷／（清）王筠撰

  1.清同治四年（1865）刊

  ⑤全

  2.清刊

  ⑤全

0204　说文通检　上下卷／（清）黎永椿撰．--清光绪二年（1876）崇文书局刊

  ⑤全

0205　说文通检　十四卷／（清）黎永椿撰．--民国六年（1917）扫叶山房刊

  ⑥缺（卷8－14）

0206　说文古籀补补　十四卷／（清）丁佛言撰．--民国刊

  ⑤全

0207　说文解字研究法／马叙伦撰．--民国十八年（1929）上海商务印书馆刊

  ⑥全

0208　说文籀文考证　二卷／叶德辉撰．--民国十九年（1930）叶氏刊

  ⑤全

字书

0209　玉篇　三十卷／（宋）陈彭年等重修．--清道光三十年（1850）邵州东山精舍刊

  ②缺（存3册）

0210　复古编　二卷／（宋）张有撰. --清光绪八年（1882）淮南书局刊
④全

0211　文成字汇　十二卷首一卷末一卷／（明）梅膺祚撰
1.清道光五年（1852）宏道堂刊
④全
2.清三让堂刊
①缺（卷寅）
3.清刊
②缺

0212　字汇　十四卷／（明）梅膺祚撰
1.清友干堂刊
⑥缺（存卷首、辰、巳、酉）
2.清经元堂刊
⑥缺（存卷子、丑、寅、辰、巳、午、未、申、酉、戌、亥）

0213　玉堂字汇　四卷／（明）梅膺祚音释. -- 清刊
①全

0214　康熙字典　四十二卷／（清）张玉书等撰
1.清康熙四十九年（1710）刊
②全
2.清道光七年（1827）重刊

②缺（5册）
④全
⑥缺（存序 - 辨似、子中下、丑上下、酉下、切韵）
3.清光绪六年（1880）昭陵刊
⑥全
4.清光绪二十年（1894）文宝局刊
②全
5.清光绪三十年（1904）上海锦章书局刊
⑤缺（册 3 - 4）
6.清光绪三十三年（1907）上海鸿文书局刊
⑥缺（存序 - 丑下）
7.清光华堂刊
⑥缺（18 册）
8.民国三年（1914）上海天宝书局刊
⑤全

0215　字典考证　一百一十卷／（清）王引之等撰. -- 清光绪二年（1876）崇文书局刊
⑤缺（存 6 册）

0216　六书通　十卷／（清）闵齐伋撰. --清刊
②缺

0217　正续字学举隅　二卷／

（清）龙启瑞 （清）黄虎痴撰 续编（清）王维珍撰. -- 清光绪二年（1876）刊

⑤全

0218 字学举隅 一卷／（清）龙启瑞撰

1. 清光绪五年（1879）重刊

⑥全

2. 清光绪十年（1884）益元堂重刊

②全

0219 十三经不贰字（又名十三经集字）／（清）李鸿藻撰

1. 清光绪二十二年（1896）五秀记书庄刊

⑥全

2. 民国上海广益书局刊

⑥全

0220 十三经集字摹本 四卷／（清）万青铨撰

1. 清道光二十九年（1849）刊

⑥缺（卷2－3）

2. 清咸丰二年（1852）刊

②全

0221 辨字摘要／（清）饶应召撰. --清嘉庆二十五年（1820）刊

③缺

0222 增订金壶字考 一卷／（清）郝在田撰. --清光绪元年（1875）京都琉璃厂东善成堂刊

⑤全

0223 重辑苍颉篇 上下卷／王国维撰. --民国九年（1920）广仓学宭刊

⑤全

0224 改正字汇 二卷／陈渼子撰. --民国元年（1911）共和局刊

⑥全

0225 文字通诠 八卷／杨誉龙编. -- 民国二十二年（1933）中华书局刊

⑤全

0226 文字学音篇 五章／钱玄同撰. --民国十年（1921）国立北京大学刊

⑤全

0227 新增绘图四千字 一卷／佚名辑. --民国文盛书局刊

②全

0228 改良绘图注释七千字文／佚名辑. --上海炼石斋书局刊

⑥全

音韵

**0229　大宋重修广韵（又名广韵）
五卷／（宋）陈彭年等修撰**
1. 清刊
②缺（存3册）
2. 民国二十四年（1935）商务印书馆刊《国学基本丛书》本
⑥全

0230　国语补音　三卷／（宋）宋庠撰.--清光绪二年（1876）成都尊经书院刊
④全

0231　圆机活法诗学全书　二十四卷／（明）王世贞校正　（明）蒋先庚重订
1. 清聚秀堂刊
⑥全
2. 清刊
②缺（卷1、5）

0232　毛诗古音考　四卷／（明）陈第撰.--清光绪六年（1880）武昌张氏刊
⑤全

0233　音学五书　上下卷／（清）顾炎武撰.--清光绪十六年（1890）思贤讲舍刊
⑤全

0234　韵史　上下卷／（清）许遁翁撰.--清光绪十年（1884）上海同文书局刊
⑤全

0235　诗韵珠玑　五卷／（清）余照撰.--清嘉庆五年（1800）一枝山房刊
④全

0236　诗韵集成题考合刻　十卷／（清）余照辑　（清）王文渊合编
1. 清同治五年（1866）湲日堂刊
②全
2. 上海三元堂刊
③缺（卷5－10）

0237　四声便览　四卷／（清）余六师撰
1. 清咸丰八年（1858）经元堂重刊
②缺
⑥缺（卷亨利贞）
2. 清刊
⑥全

0238　五方元音　二卷／（清）樊腾凤撰. --清咸丰八年（1858）经元堂刊
②缺（卷2）

0239　增注字类标韵　六卷／（清）华纲撰. --清光绪十六年（1890）广百宋斋刊
③缺（卷4-6）

0240　诗韵对锦　四卷／（清）马仲刚辑. --清光绪二十一年（1895）刊
②缺（卷2-4）

0241　诗韵含英题解　四卷／（清）甘兰友撰. --清文秀堂刊
⑥全

0242　诗韵类锦／（清）郭化霖编. -- 清光绪元年（1875）刊
②缺

0243　诗韵全璧　五卷／（清）姚文登辑
　1.清光绪十二年（1886）荆溪许时庚刊
　⑤全
　2.清光绪二十一年（1895）四明畅怀书屋刊
　③缺（卷2-5）

　3.民国间锦章书局刊
　⑥缺（卷2-5）

0244　圆机活法　八卷／（日）山崎昇编. -- 明治十五年二月（1882）刊
⑤全

0245　韵对指南注释　上下卷／（清）佚名辑. --清道光三十年（1850）来鹿堂刊
③全

0246　诗韵集成（附词林典腋）五卷／佚名辑. -- 上海广益书局刊
③全

训诂

0247　方言　十三卷／（汉）扬雄撰　（晋）郭璞注. --民国四年（1915）上海东方书局刊
⑥全

0248　尔雅　上中下卷／（晋）郭璞注　（唐）陆德明音释
　1.清光绪十二年（1886）湖北官书处重刊
　⑤全
　2.民国十五年（1926）咠忍堂刊
　⑤全

0249　尔雅注疏　十一卷附考证／（晋）郭璞注　（宋）邢昺疏

1. 清同治十年（1871）刊

⑥缺（卷6－8）

2. 清刊

②缺（卷4－11）

⑤全

0250　刊谬正俗　八卷／（唐）颜师古撰．--清光绪元年（1875）湖北崇文书局刊《崇文书局汇刻书》本

⑤全

0251　通雅　五十二卷／（明）方以智撰．--清刊

④缺（存9册）

0252　经义述闻　三十二卷／（清）王引之撰．--清道光七年（1827）重刊

⑤全

0253　经传释词　十卷／（清）王引之撰．--民国间刊

⑥缺（卷9－10）

0254　古韵通说　二十卷／（清）龙启瑞撰．--清光绪九年（1883）成都尊经书局重刊

④全

0255　明拓石鼓文／佚名辑．--清徐氏志隐堂刊

②全

史　部

正史类

合刻

0256　钦定二十四史. -- 清乾隆十二年(1747)武英殿刊

④缺（史记卷 20 – 22、前汉书卷 85 – 93、吴志、北齐书卷 23 – 50）

分刻

0257　史记　一百三十卷／（汉）司马迁撰

1. 清道光十四年（1834）三元堂重刊

④全

2. 清光绪二年（1876）武昌张氏校刊

④缺（卷 96 – 101）

3. 清刊

②缺

③缺

⑥缺

0258　前汉书　一百卷／（汉）班固撰

1. 清光绪十三年（1887）金陵书局仿汲古阁重刊

②全

2. 清光绪间上海同文书局刊《二十四史》本

⑤全

3. 清点石斋仿汲古阁刊

⑥缺（存卷 25 – 30）

4. 清刊

③缺（卷 25、28 下、65 – 72、76 – 78）

5. 民国二十四年（1935）刊

②缺

0259　后汉书　九十卷续汉志三十卷／（南朝宋）范晔撰　续志（晋）司马彪撰

1. 清光绪十三年（1887）金陵书局仿汲古阁重刊

②缺

2. 清光绪三十一年（1905）武林竹简斋刊《二十四史》本

⑤全

3.清点石斋仿汲古阁刊

⑥缺（存卷17－36、75－92、37－74）

4.清刊

③缺（卷3－10、20－23、34－69、73－91、95－107、110－111、114－120）

0260　三国志　六十五卷／（晋）陈寿撰　（南朝宋）裴松之注

1.清光绪三十一年（1905）武林竹简斋刊《二十四史》本

⑤全

2.清刊

②缺（卷1－3）

④缺（存卷22－25）

0261　宋书　一百卷／（南朝梁）沈约撰. --清同治十一年（1872）金陵书局刊

②全

0262　南齐书　五十九卷／（南朝梁）萧子显撰. --清同治十三年（1874）金陵书局刊

②全

0263　魏书　一百十四卷／（北齐）魏收撰. --清同治十一年（1872）金陵书局刊

②全

0264　梁书　五十六卷／（唐）姚思廉撰. --清同治十三年（1874）金陵书局刊

②缺（卷1）

0265　陈书　三十六卷／（唐）姚思廉撰. --清同治十一年（1872）金陵书局刊

②全

0266　晋书　一百三十卷／（唐）房玄龄等修. --清同治十一年（1872）金陵书局刊

②缺（卷1）

0267　北齐书　五十卷／（唐）李百药撰. --清同治十三年（1874）金陵书局据汲古阁本刊

②全

0268　周书　五十卷／（唐）令狐德棻撰. --清同治十三年（1874）金陵书局据汲古阁本刊

②缺（卷1）

0269　隋书　八十五卷／（唐）魏征撰. --清同治十年（1871）淮南书局刊

②全

0270　南史　八十卷／（唐）李延寿撰．--清同治间金陵书局据汲古阁本刊

②全

0271　北史　一百卷／（唐）李延寿撰．--清同治间金陵书局据汲古阁本刊

②缺（卷15－20）

0272　旧唐书　二百十四卷／（后晋）刘煦撰．--清同治十一年（1872）浙江书局刊

②缺

0273　新唐书　二百二十五卷／（宋）欧阳修等撰．--清同治十二年（1873）浙江书局刊

②全
③缺（存卷76－83、208－215）

0274　新五代史　七十四卷／（宋）欧阳修撰　（宋）徐无党注．--清同治十一年（1872）湖北崇文书局重刊

②全

0275　旧五代史　一百五十卷／（宋）薛居正等撰．--清同治十一年（1872）湖北崇文书局刊

②全

0276　南唐书　十八卷附音释一卷／（宋）陆游撰　音释（元）戚光撰．--清刊

④全

0277　宋史　四百九十六卷／（元）脱脱等撰．--清光绪元年（1875）浙江书局刊

②缺（卷1、42－43）

0278　明史　三百三十二卷／（清）张廷玉等撰

1.清光绪三年（1877）湖北崇文书局刊
②缺（存53册）
2.清光绪十八年（1892）武林竹简斋刊
④缺（卷25－46）

0279　汉书补注　一百卷／（清）王先谦撰．--上海鸿章书局刊

⑥缺（卷13－14、29－68）

0280　历代帝王年表　三卷／（清）齐召南编．--清道光二十三年（1843）方亨知不足斋刊

⑤全

编年类

0281 稽古录 二十卷／（宋）司马光撰．--清同治十一年（1872）湖北崇文书局刊

②缺

0282 资治通鉴 二百九十四卷／（宋）司马光等撰 （清）胡三省注．--清同治十年（1871）湖北崇文书局刊

④全

0283 资治通鉴纲目 五十九卷首一卷／（宋）朱熹撰 （明）陈仁锡评定

1.清光绪二十五年（1899）上海著易堂刊

③缺（存卷1－3）

2.清敬书堂刊

⑥缺（卷2、6、13、15－16、21、23－27、30、32－34、37－39、41－43、45－49、51、57、59）

3.清刊

②缺（存2册）

0284 通鉴地理通释 十四卷／（宋）王应麟撰．--清乾隆三年（1738）刊

④全

0285 资治通鉴纲目前编 十八卷首一卷举要三卷／（宋）金履祥撰 （明）陈仁锡评定．--清刊

⑥缺（卷1－8、14－15）

0286 续资治通鉴纲目 二十七卷／（明）商辂撰 （明）陈仁锡评定．--清刊

⑥缺（卷1－2、4－9、11、13、20－24、26）

0287 御批增补了凡纲鉴 四十卷／（明）赵田 （明）袁黄编纂

1.清光绪十三年（1887）大文堂刊

③缺（卷2－3、6－9、12－13、16、19－23、26－29、32－38）

2.清光绪三十年（1904）同文升记书局刊

③缺（卷12－15、23－26、31－32、37）

3.清刊

②缺

0288 纲鉴会纂真本 四十六卷／（明）王世贞编纂．-- 清刊

③缺（卷5－6、12－13、15－16、18、21、29－37、44－46）

0289　历史纲鉴补　三十九卷／
（明）王世贞　（明）袁黄编纂

1. 清光绪十二年（1886）星沙文昌
书局刊

③缺（卷 10、15 - 17、22 - 23、28 -
29、32 - 34）

2. 清光绪二十五年（1899）益记书
局刊

②缺

3. 清光绪二十八年（1902）上海富
强斋刊

②缺

④缺（卷 1、4 - 6、8 - 10、14 - 30）

4. 清宝庆府经纶堂刊

④全

⑥全

5. 清文光堂刊

⑥缺（卷 1 - 33）

6. 清经元堂刊

②缺

7. 清广益书局刊

②缺

③缺

8. 清刊

②缺

③缺（卷 3 - 4、8 - 9、12 - 13、15 -
16、22 - 39）

9. 民国三年（1914）上海鸿宝书
局刊

②缺

10. 民国三年（1914）经国治记刊

⑥缺

11. 民国九年（1920）湖南尚德书
局刊

⑥全

12. 民国商务印书馆刊

③缺（卷 1 - 6、8 - 16、21 - 28、
31 - 33）

**0290　御撰资治通鉴纲目三编
四十卷／**（清）张廷玉等编

1. 清光绪二十五年（1899）京都琉
璃厂刊

②缺

2. 清光绪二十八年（1902）上海富
强斋刊

⑥缺

3. 清经纶堂刊

⑥全

4. 清刊

②缺

③缺（卷 7 - 13）

④缺

5. 民国三年（1914）经国治记刊

⑥缺（存卷 1 - 10）

0291　明纪　六十卷／（清）陈鹤
撰. -- 民国二十四年（1935）中华书
局刊

②缺（存 1 册）

0292 东华录 六百二十四卷 / (清)王先谦编. --清光绪十年(1884)上海广百宋斋刊

④缺(康熙卷20 - 24)

0293 纲鉴易知录 二十卷纲目四卷 / (清)吴乘权等辑

1. 清三元堂刊

②缺

2. 清刊

②缺

⑥缺

3. 民国十年(1921)扫叶山房刊

②缺

4. 上海共和书局刊

②缺

5. 上海广益书局刊

③(卷1 - 6、8 - 20)

0294 尺木堂明鉴易知录 十五卷 / (清)吴乘权等撰. --清同治二年(1863)宝庆经纶堂刊

⑥缺(存30册)

0295 明季北略 二十四卷 南略十八卷 / (清)计六奇撰. --清刊

⑥缺

0296 御批历代通鉴辑览 一百二十卷 / (清)傅恒等编纂

1. 清同治十年(1871)浔阳万氏刊

⑥缺(卷12 - 13、49 - 50、59、80、115 - 116)

2. 清同治十一年(1872)湖北崇文书局重刊

②缺(存12册)

④全

3. 清光绪二十四年(1898)湖北书局刊

②缺

⑥缺(卷35 - 41、79、99、101)

4. 清光绪三十年(1904)上海图书集成局刊

③缺(15 - 38、47 - 50、54 - 56、65 - 68、72 - 77、81 - 87、94 - 108、115 - 120)

5. 清刊

②缺

⑥缺

6. 民国商务印书馆刊

⑥全

0297 纲鉴总论 二卷 / (清)周道卿撰

1. 清光绪二十七年(1901)宏道堂刊

②全

2. 清光绪二十八年(1902)述古斋刊

③全

3. 清光绪三十年（1904）上海书局刊

③缺（卷下）

4. 民国三年（1914）上海广益书局刊

②全

③全

0298　明鉴纲目　十六卷／印鸾章修订. -- 民国二十五年（1936）世界书局刊

⑤全

纪事本末类

0299　勘靖教匪述编　十二卷／（清）石香村居士编. -- 清道光六年（1826）琉璃厂书坊刊

④缺（卷5 - 6、9 - 11）

0300　圣武记　十四卷／（清）魏源撰. --上海泰东时务译印局刊

⑤全

0301　靖逆记　上下册／（清）兰簃外史撰. --清抄本

⑤全

0302　湘军记　二十卷／（清）王

定安撰. --清光绪十五年（1889）江南书局刊

④全

0303　金史纪事本末　五十二卷／（清）李有棠撰. --清光绪十九年（1893）同文书局刊

④全

0304　辽史纪事本末　四十卷／（清）李有棠撰. --清光绪十九年（1893）同文书局刊

④全

0305　历朝纪事本末／（清）陈如升等辑. -- 清光绪二十五年（1899）上海慎记书庄刊

⑥缺（存通鉴纪事本末12册，左传纪事本末1册）

别史类

0306　世本　五卷／（汉）宋衷注（清）张澍补注. --清刊

④缺（卷1 - 4）

0307　帝王世纪　十卷／（晋）皇甫谧撰　（清）宋翔凤集校. -- 清刊

④全

0308　续汉书　五卷／（晋）司马彪撰　（清）汪文台辑. -- 清刊
②缺

0309　函史　上下编／（明）邓元锡纂. -- 清刊
③缺（下编）

0310　贰臣传　十二卷／（清）佚名辑
②缺

0311　支那通史　四卷／（日）那珂通世编. -- 清光绪二十八年（1902）湖南书局刊
④全

0312　历代史案　二十卷／（清）吴裕垂撰　（清）洪亮吉编. -- 清刊
⑥缺（卷1－3）

0313　国史要义／柳诒徵撰. -- 民国三十七年（1948）上海中华书局刊《大学用书》本
①全

杂史类

0314　战国策　三十三卷／（汉）

高诱注
1. 清嘉庆八年（1803）刊
⑥缺（卷12－22）
2. 清光绪二十二年（1896）上海鸿宝斋刊
③缺（卷9－33）
3. 清刊
②缺

0315　北梦琐言　二十卷／（宋）孙光宪撰. -- 清乾隆二十一年（1756）德州卢氏刊《雅雨堂藏书》本
⑤全

0316　唐语林　八卷／（宋）王谠撰. -- 清刊《惜阴轩丛书》本
⑤全

0317　鉴略妥注　五卷／（明）李廷机撰
1. 清光绪二十一年（1895）学库山房刊
①全
2. 清光绪二十九年（1903）咏梅阁刊
⑥全
3. 清宏道堂刊
②全
⑥缺（卷3－5）
4. 清三余堂刊

②缺

5.上海广益书局刊

②全

0318　妥注鉴略离句读本　上中下卷／（明）李廷机撰．--民国三年（1914）上海宏文书局刊

③缺（卷下）

0319　荆溪卢司马殉忠录　一卷／（明）许德士撰．--清道光间刊

④全

0320　三湘从事录　一卷／（明）蒙正发撰．--清刊

④全

0321　荆驼逸史／（清）陈湖逸士辑．--清道光间刊

④缺（册47、两粤梦游记卷2）

0322　痛史　三集二十五种／（清）乐天居士辑．--清宣统三年（1911）上海商务印书馆刊

⑥缺（种1–3、5–10、12、18–25）

0323　西被考略　六卷／（清）金永森撰．--清光绪二十九年（1903）武昌刊

④全

0324　满清稗史／陆保璿辑．--民国间刊

③缺

0325　满清野史三编／佚名辑．--民国间刊

③缺（存种13–17）

0326　太平天国史考证集／罗尔纲撰．--民国三十七年（1948）上海独立出版社刊

①全

0327　广注语译国语国策精华／秦同培注译．--民国二十六年（1937）世界书局刊

⑤全

载记类

0328　十国春秋　一百十四卷／（清）吴任臣撰．--清海虞顾氏小石山房刊

⑥缺（卷37–43、63–83、91–100、110–114）

0329　朔方备乘　八十卷目录一卷／（清）何秋涛撰

1.清光绪七年（1881）刊

④全

2.清光绪间刊

⑤全

诏令奏议类

0330 郭侍郎奏疏 十二卷/
（清）郭嵩焘撰. --清光绪十八年
（1892）刊

④全

0331 曾文正公奏议 十卷/
（清）薛福成编. -- 清同治十三年
（1874）刊

②缺（卷2 - 10）

0332 培远堂偶存稿 四十八
卷/（清）陈宏谋撰. --清刊

⑥缺（卷1 - 12、14 - 18、20 - 24、
26 - 48）

0333 圣谕广训直解/（清）清圣
祖撰 （清）清世宗广训 （清）佚名直
解. --清光绪三十一年（1905）爱日山
房刊

②缺（存1册）

0334 林文忠公政书 三十七
卷/（清）林则徐撰

1. 清光绪二年至五年（1876 -
1879）刊

④全

2. 民国二十四年（1935）上海商务
印书馆刊《国学基本丛书》本

⑤全

0335 圣谕注解/（清）佚名
辑. -- 清刊

②缺（存卷2 - 3）

传记类

各类人物传等

0336 列女传 七卷续一卷/
（汉）刘向撰 （清）梁端注

1. 清道光十八年（1838）据钱唐汪
氏本刊

④缺（卷3 - 4）

2. 清刊

②缺

0337 增广古今人物论 三十六
卷/（明）郑贤撰. --清光绪二十八年
（1902）富文书局刊

⑥全

0338 古今列女传 三卷/（明）

解缙等撰

　　1.清咸丰七年(1857)宏道堂刊

　　③缺(卷2-3)

　　2.清刊

　　⑥缺

0339　畴人传　四十六卷／(清)
阮元撰. --清刊

　　②缺

0340　秦蜀驿程后记　二卷／
(清)王士禛撰. --清刊《王渔洋遗
书》本

　　④全

0341　蜀道驿程记　二卷／(清)
王士禛撰. --清刊《王渔洋遗书》本

　　④全

0342　感旧集　十六卷／(清)王
士禛选　(清)卢见曾补传. --民国
间刊

　　⑤全

0343　历代名臣言行录　二十四
卷／(清)朱桓编

　　1.清光绪十一年(1885)刊

　　⑥缺(卷2-11、17、22)

　　2.清光绪二十六年(1900)湖南书
局刊

　　②缺

　　3.清光绪二十八年(1902)上海焕
文书局刊

　　③缺(卷3-11、16-20、23-24)

　　4.清光绪二十八年(1902)鸿宝书
局刊

　　⑥全

　　5.清光绪三十年(1904)上海锦章
书局刊

　　⑥缺(卷4-14、21-24)

　　6.清刊

　　②缺

　　⑥缺

　　7.清上海广百宋斋刊

　　⑤全

0344　宋元学案　一百卷／(清)
黄宗羲撰. --清光绪五年(1879)长
沙刊

　　②缺(卷22-23、57-100)

0345　明儒学案　六十二卷／
(清)黄宗羲撰. --清光绪十四年
(1888)南昌县学刊

　　②缺(卷20-31)

0346　明儒学案　上下册／(清)
黄宗羲撰. --民国二十二年(1933)上
海商务书馆刊《国学基本丛书》本

　　⑤全

0347　重编明儒学案　四十五卷 / (清)黄宗羲撰　李心庄重编. -- 民国三十四年(1945)国立编译馆刊

⑤全

0348　国朝先正事略　六十卷 / (清)李元度撰

1.清光绪二十八年(1902)益元书局刊

④全

2.清光绪间刊

⑥缺(存卷21－25)

3.清刊

②缺

③缺(卷1－2、5－45)

0349　理学宗传　二十六卷 / (清)孙奇逢辑

1.清光绪六年(1880)浙江书局刊

④全

2.清光绪间刊

⑥缺(卷1－3、8－11、16－18、22)

0350　历代循吏传　八卷 / (清)朱轼等撰

1.民国三年(1914)刊

④缺

2.民国上海广益书局刊

③缺(卷1－6)

0351　增广古今人物论续编　十二卷 / (清)愿学斋同人辑. --清光绪二十八年(1902)富文书局刊

⑥全

0352　清代名人轶事　十六卷 / (清)葛虚存编. -- 民国九年(1920)上海会文堂书局刊

⑤缺(卷14－16)

0353　说渊　六十四卷 / (清)佚名辑. --清道光元年(1821)戊酉山堂重刊

④全

⑥缺

0354　历代名人小简续编　上下 / 吴曾祺撰. --民国十一年(1922)商务印书馆刊

⑥全

0355　四朝学案 / 国学整理社辑刊. -- 民国二十五年(1936)刊

⑤全

家乘

0356　杨氏宗谱 / (清)鹏举编撰. --清笃亲堂刊

②缺(卷1－2、9)

0357 吴氏宗谱 四卷首二卷／（清）吴绍锜等撰. --清光绪元年（1875）至德堂刊
⑥全

0358 蕨淡山周氏族谱 十二卷／（清）佚名辑. --清爱莲堂刊
②缺（卷1－3）

0359 刘氏宗谱／（清）佚名辑. --清光绪三十一年（1905）三治堂重刊
⑥缺（存卷2、30）

0360 沈氏宗谱／（清）佚名辑. --清鹿远堂刊
②缺（存卷7－8）

0361 楚北麻城方氏宗谱／（清）佚名辑. --清壮猷堂刊
②缺（存1册）

0362 清河张氏宗谱 四卷首一卷末一卷／（清）佚名辑. --清嘉庆七年（1802）培桂堂刊
⑥全

0363 张氏宗谱／（清）佚名辑. --清清河堂刊
②缺（存卷4）

0364 徐氏族谱／（清）佚名辑. --清刊
⑥缺（存卷17）

0365 徐氏家谱／（清）佚名辑. --清抄本
③缺（存1册）

0366 冯氏宗谱／（清）佚名辑. --清抄本
②缺（存1册）

0367 徐氏宗谱／徐炳撰. --民国二十一年（1932）抄本
②缺（存1册）

年谱姓氏

0368 重刻山谷先生年谱 十四卷／（清）黄子耕编 （清）史容注. --清刊
④全

0369 罗壮勇公年谱 二卷／（清）罗思举撰. --清光绪三十四年（1908）启杏书屋刊
④全

0370 五马先生纪年 上下卷／（清）傅迪抄. -- 清道光二年（1822）

抄本

    ⑤全

0371 新增四体百家姓 一卷／
（清）汪泽润撰. --清嘉庆十五年
（1810）刊

    ②全

0372 新纂氏族笺释 八卷／
（清）熊峻运撰. --清刊

    ⑥缺

0373 增补姓氏族谱笺释 八
卷／（清）熊峻运撰. --清刊

    ②缺（卷3－6）

    ④全

0374 张衡年谱／孙文青撰. --民
国二十四年（1935）上海商务印书馆刊
《中国史学丛书》本

    ①全

0375 百家姓 一卷／佚名辑. --
民国间抄本

    ②全

时令类

0376 御制月令七十二候诗 四

卷／（清）马国翰撰. --清刊

    ⑥缺（卷3－4）

0377 月日纪古 十二卷／（清）
萧智汉撰. --清道光二十八年（1848）
经元堂刊

    ⑥缺（卷2－3、5）

地理类

总志

0378 舆地纪胜 二百卷／（宋）
王象之撰. --清咸丰五年（1855）刊

    ④缺（卷38－44、199－200）

0379 重订广舆记 二十四卷／
（清）蔡方炳增辑. -- 清大文堂刊

    ②缺（卷2－23）

0380 天下郡国利病书 一百二
十卷／（清）顾炎武撰

    1.清道光十年（1830）刊

    ④缺（卷5－12）

    ⑥缺（卷1－15、18－25、35－38、
42－44、46－67、69－71、73－84、86、
88－98）

    2.清光绪五年（1879）蜀南桐华书
屋刊

④缺(卷11－12)

0381　读史方舆纪要　一百三十卷／(清)顾祖禹撰. --清嘉庆十七年(1812)敷文阁刊

⑥缺(卷1－29、32－36、39－41、48－92、97－130)

0382　历代州域形势　十卷／(清)顾祖禹撰. --清刊

⑥全

0383　瀛环志略　十卷／(清)徐继畲辑

1.清道光二十八年(1848)刊

③缺(卷3－10)

2.清光绪六年(1880)刊

②缺

3.清光绪二十一年(1895)上海宝文局刊

③缺(卷6－10)

0384　海道图说　十五卷附长江图说一卷／(英)金约翰辑　(英)傅兰雅译　(清)王德均述. --清著易堂仿聚珍版刊

②全

0385　地形学教程／(清)佚名辑. --清宣统元年(1909)陆军大学石印

②缺(存卷2)

0386　舆地学讲义／(清)陈培□纂. --清刊

②缺(存4册)

0387　地理课本　一册／佚名辑. --民国抄本

③全

0388　本国地理　一卷／佚名辑. --民国竹山县编辑石印

②全

0389　方言学堂地理学讲义／黄扶九编辑

②缺(存1册)

舆图

0390　历代舆地沿革险要图说一卷／(清)王尚德重绘. --清光绪二十四年(1898)刊

⑥全

0391　皇朝直省地舆全图　一卷／(清)佚名辑. --清光绪二十一年(1895)申昌书画室刊

⑥全

方志

0392 华阳国志 十二卷附录一卷 / （晋）常璩撰. -- 清嘉庆十九年（1814）刊

②缺（存4册）

0393 陕西通志 一百卷首一卷 / （清）刘于义修 （清）沈青崖纂. -- 清刊

⑥缺（卷1 - 3、5 - 20、22 - 31、33 - 34、36 - 42、44 - 47、49 - 50、55、63 - 66、70 - 100）

0394 白河县志 十四卷 / （清）严一青纂修. -- 清光绪十七年（1891）翘秀馆刊

③缺（卷1 - 6）

0395 [光绪]武昌县志 二十六卷首一卷末一卷 / （清）钟桐山修 （清）柯逢时纂. -- 清光绪十一年（1885）刊

④全

0396 襄阳四略 四种 / （清）吴庆焘撰. --清光绪中刊

④全

0397 [乾隆]襄阳府志 四十卷图一卷 / （清）陈锷纂修. -- 清乾隆二十五年（1760）刊

④缺（卷1、9、12 - 15、19、23 - 24、26 - 32）

0398 [同治]襄阳县志 七卷首一卷 / （清）杨宗时原修 （清）崔淦原纂 （清）吴耀斗续修 （清）李士彬续纂. -- 清同治十三年（1874）刊

④全

0399 谷城县志 八卷 / （清）承印修 （清）黄定铺纂修. -- 清同治六年（1867）初刊，民国十六年（1927）重刊

④全

0400 枣阳县志 三十卷首一卷末一卷 / （清）张声正修 （清）史策先纂. -- 清同治四年（1865）初刊，民国十二年（1923）重刊

④全

0401 均州志 十六卷首一卷 / （清）马云龙修 （清）贾洪诏纂. -- 清光绪十年（1884）均州志局刊

④全

0402 [同治]郧阳府志 八卷首一卷 / （清）吴葆仪等修纂. -- 清同治

九年(1870)郧山书院刊
　①全
　③缺(卷1-4、7-8)
　⑥全

0403 [同治]郧县志 十卷首一卷／(清)定熙修 (清)崔诰纂. --清同治五年(1866)文昌宫刊
　⑥全

0404 [同治]房县志 十二卷首一卷／(清)杨延烈等修纂. --民国二十四年(1935)房县财务委员会、教育委员会印
　③缺
　⑥全

0405 [道光]竹溪县志 十二卷／(清)李锦源等修纂. --清道光七年(1827)刊
　③全

0406 [同治]竹溪县志 十六卷首一卷／(清)陶寿嵩等修纂. --清同治六年(1867)县署刊
　③缺(卷2-3、7-8)
　④全

0407 竹山县志 二十四卷／(清)陈汝藩修纂. --清咸丰九年

(1859)刊
　②缺(卷7-8、11-21)

0408 [嘉庆]四川通志 二百零四卷首二十二卷／(清)常明修 (清)杨芳灿纂. --清嘉庆二十一年(1816)刊
　④缺(卷158)

0409 重修华亭县志 二十四卷首一卷末一卷／(清)杨开第修 (清)姚光发等纂. --清光绪五年(1879)刊
　④全

0410 焦山志 二十六卷首一卷／(清)吴云辑. --清同治十三年(1874)刊
　④全

0411 焦山续志 八卷／(清)陈任旸辑. --清光绪三十一年(1905)刊
　④全

0412 [同治]庐山志 十五卷／(清)毛德琦撰. --清同治十三年(1874)浙江书局刊
　④全

0413 大岳太和山纪略 八卷／(清)王概撰. --清刊

④缺(卷首)

0414　莫愁湖志　六卷／(清)马士图撰. --清光绪十七年(1891)刊

④全

0415　续修大岳太和山志　八卷／熊宾等纂修. --民国十一年(1922)襄阳大同石印馆印

②缺(卷1-2、4-6)

0416　莫干山志　十三卷首一卷末一卷／周庆云撰　周延礽续补. --民国二十五年(1936)刊

①全

0417　[民国]郧西县志　十四卷首一卷／郭治平等修纂. --民国二十六年(1937)刊

⑥缺(卷2-7、9-10、13-14)

外纪

0418　东西洋考　十二卷／(明)张燮撰. --清道光二十六年(1846)刊《惜阴轩丛书》本

②缺(卷1-3)

0419　普法战纪　四卷／(清)张宗良译　(清)王韬撰. --清刊

⑥缺(卷1-2)

0420　日本国志　四十卷／(清)黄遵宪撰

1. 清光绪二十四年(1898)浙江书局重刊

④全

2. 清光绪二十八年(1902)刊

②缺(卷19-24、31-33)

0421　地球韵言　四卷／(清)张士瀛编

1. 清光绪二十四年(1898)两湖书院刊

③缺(卷1-2)

⑥全

2. 清光绪二十四年(1898)鄂垣务急书馆刊

③全

3. 清刊

②缺(卷1-2)

0422　东洋史要／(清)樊炳清译

1. 清光绪二十五年(1899)刊

②缺(存卷1-2)

2. 清光绪二十八年(1902)自强学堂新译刊

②缺(存卷1-2)

0423　游记汇刊／(清)佚名

辑. -- 清光绪二十三年（1897）湖南新学书局刊

　　④缺（金轺筹笔、出使英法日记、西征纪程、游历刍言、印度札记、筹边记、帕米尔图说）

0424　泰西新史揽要　二十四卷／（英）马恳西撰　（英）李提摩太译

　　1.清光绪二十四年（1898）澹雅书局刊

　　②缺（卷2－5）

　　2.清光绪间三味堂据上海广学会译本刊

　　②缺

水道水利

0425　水经注　四十卷／（北魏）郦道元撰. -- 清光绪二十三年（1897）新化三味书室据长沙王氏本重刊

　　⑥缺（卷34－36）

0426　水经注释　四十卷刊误十二卷／（清）赵一清撰

　　1.清光绪六年（1880）据会稽章氏本重刊

　　④全

　　2.清刊

　　②缺

0427　水道提纲　二十八卷／（清）齐召南撰. -- 清乾隆四十一年（1776）传经书房刊

　　②缺（卷9－13）

　　④全

0428　河工简要　四卷／（清）邱步洲辑. -- 清光绪十三年（1887）刊

　　④全

0429　水经注疏要删　四十卷／（清）杨守敬撰

　　1.清光绪三十一年（1905）观海堂刊

　　④缺

　　2.清宣统元年（1909）刊

　　④全

0430　荆楚修疏指要　五卷首二卷／（清）胡祖翮撰. -- 清同治十一年（1872）湖北崇文书局刊

　　④全

考古等

0431　蜀輶日记　四卷／（清）陶澍撰. -- 清光绪七年（1881）江州官舍刊

　　④全

0432 考古必要赋 四卷／（清）
江少牧辑 （清）邱麓人选．--清刊
⑥缺（卷2－3）

0433 秦淮广记 四卷／缪荃孙
撰．--民国间商务印书馆刊
④缺

0434 新都胜迹考／周念行 徐
芳田撰．--民国十九年（1930）上海法
学社刊
①全

0435 徐霞客游记 二十卷／丁
文江辑．-- 民国十七年（1928）上海商
务印书馆刊
①全

职官类

0436 佐治药言 一卷续一卷／
（清）汪辉祖撰．--清刊
②全

0437 牧令书 二十三卷／（清）
徐栋辑．-- 清道光二十八年（1848）兴
国李氏刊
④全

0438 广治平略／（清）蔡方炳
撰．--清同治十年（1871）刊
⑥缺（存1册）

0439 宦乡要则 七卷／（清）张
鉴瀛辑．--清光绪五年（1879）三让协
记刊
②缺（存1册）

0440 庚戌年官商快览／（清）佚
名辑．--清宣统间上海书业公所刊
⑥缺（存1册）

政书类

历代通制

0441 通典 二百卷／（唐）杜佑
撰．--清光绪二十七年（1901）上海图
书集成书局刊《九通》本
②缺（存16册）

0442 通志 二百卷／（宋）郑樵
撰．--清光绪二十七年（1901）上海图
书集成局刊《九通》本
②缺（存53册）

0443 文献通考 三百四十八
卷／（元）马端临撰

1.清光绪二十七年（1901）上海图书集成局刊《九通》本

②缺（卷91－98）

2.民国二十四年至二十六年（1935－1937）上海商务印书馆刊《十通》本

⑥缺（存30册）

0444　皇朝文献通考详节　二十六卷／（清）嵇璜等纂　（清）平阳主人节录.--清光绪二十七年（1901）鸿宝堂书局刊

⑥全

0445　钦定续文献通考详节　二十六卷／（清）嵇璜等纂　（清）平阳主人节录.--清光绪二十七年（1901）鸿宝堂书局刊

⑥缺（卷18－20）

0446　文献通考辑要　二十四卷／（清）嵇璜等纂　（清）平阳主人节录.--清光绪间刊

②缺

0447　皇朝文献通考（又名清朝文献通考）　三百卷／（清）张廷玉（清）嵇璜等纂.--清光绪二十七年（1901）上海图书集成局刊《九通》本

②缺（存44册）

0448　钦定续文献通考（又名续文献通考）　二百五十卷／（清）张廷玉（清）嵇璜等纂.--清光绪二十七年（1901）上海图书集成局刊《九通》本

②缺（卷1－6）

0449　钦定续通典　一百五十卷／（清）刘墉　（清）嵇璜等纂.--清光绪二十七年（1901）上海图书集成局刊《九通》本

②缺（存12册）

0450　钦定续通志　六百四十卷／（清）刘墉　（清）嵇璜等纂.--清光绪二十七年（1901）上海图书集成局刊《九通》本

②缺

0451　钦定皇朝通典（又名清朝通典）　一百卷／（清）刘墉　（清）嵇璜等纂

1.清光绪二十七年（1901）上海图书集成局刊《九通》本

②缺（存12册）

2.清光绪二十八年（1902）贯吾斋刊

⑤缺（存6册）

0452　钦定皇朝通志（又名清朝通志）　一百二十六卷／（清）刘墉

（清）嵇璜等纂. --清光绪二十七年（1901）上海图书集成局刊《九通》本

②缺（存 10 册）

0453　十三经分类政要　十卷／（清）周世樟辑. -- 清光绪二十八年（1902）教育世界社刊

②缺

各代旧制

0455　西汉会要　七十卷／（宋）徐天麟撰. --清光绪五年（1879）岭南学海堂刊

⑥缺（卷 14 - 20、42 - 49、59 - 70）

0456　宪法大纲讲义　六编／（清）杨廷栋编. -- 清宣统间刊

③缺（编 4 - 6）

古今典礼

0457　四礼翼　八卷／（明）吕坤撰. --清同治十二年（1873）西安藩署刊

⑥全

0458　汉官六种／（清）孙星衍辑. -- 清刊

②全

邦计

0459　纪元编　上中下末卷／（清）李兆洛撰　（清）六承如录. -- 清道光二十三年（1843）方亭知不足斋刊

⑤全

0460　保甲书　四卷／（清）徐栋辑. -- 清道光二十八年（1848）刊

④全

0461　续富国策　四卷／（清）陈炽撰

1. 清光绪二十三年（1897）豫宁余氏刊

④缺（卷 2）

2. 清光绪二十四年（1898）古余书局刊

⑥全

3. 清光绪二十七年（1901）刊

⑥全

0462　庸书内外篇　四卷／（清）陈炽撰

1. 清光绪二十三年（1897）刊

④全

2. 清光绪二十四年（1898）时务学堂刊

⑥全

0463　四川盐法志　四十卷首一卷／（清）丁宝桢等撰. --清光绪八年（1882）刊

④全

0464　救婴新章／（清）洪钧辑. -- 清刊

②缺（存1册）

0465　自强斋保富兴国论初编／（清）王韬原辑. -- 清刊

③缺（存卷4 – 5）

0466　中西交通史料汇编／张星烺撰. --民国三十年（1941）北京辅仁大学图书馆刊

①全

军政

0467　自卫新知（一名备豫录、洴澼百金方）　十四卷／（清）袁宫桂撰. --民国间刊

②缺（卷1 – 7）

法令

0468　补注洗冤录集证　四卷／（清）王又槐撰　（清）阮其新补注

1. 清道光二十三年（1843）江都刊

④全

2. 清光绪间文盛书局刊

②全

0469　洗冤录详义　四卷／（清）许梿撰. --清刊

②缺

0470　大清律例统纂集成　四十卷／（清）胡肇楷等撰

1. 清光绪三十二年（1906）刊

③缺（卷2 – 3、7 – 16、19、21 – 24、26 – 29、36 – 37）

2. 清紫英山房刊

⑥缺（卷1 – 5、8 – 19、24、29 – 30、33 – 35、37 – 38）

0471　大清律例增修统纂集成　四十卷附督捕则例二卷／（清）姚雨芗纂　（清）胡仰山增修

1. 清同治十二年（1873）刊

⑥缺（卷1、3、6 – 17、21、25、27 – 32、35 – 37）

2. 清刊

③缺（卷1 – 4、7 – 8、11 – 12、20 –

22、26、29－35、38－40)

0472　钦定大清会典　会典一百卷事例一千二百二十卷图二百七十卷／（清）官修. --清光绪间刊
⑥缺(存117册)

0473　驳案新编　三十二卷／（清）全士潮等编. -- 清刊
②缺(卷23－24)
⑥缺(卷4－14、16－21、25、28－32)

0474　名法指掌　上下卷／（清）沈辛田等辑. -- 清同治六年(1867)经纶堂刊
③全

0475　重修名法指掌图　四卷／（清）徐灏辑. -- 清同治九年(1870)湖北崇文书局重刊
②全

0476　折狱便览　一卷／（清）明善辑. -- 清道光三十年(1850)刊
②全

0477　解冤文稿　一卷／（清）佚名辑. --民国八年(1919)湖北均县启文斋刊

③全

0478　西律便览　三卷／（清）佚名辑. --清刊
⑥全

科举学校(包括课艺等)

0479　策学总纂大全　四十卷／（清）蔡寿祺撰
②缺(卷1－4、16－18、21－29)
⑥缺

0480　考卷约选　五集／（清）李锡瓒编
1、清嘉庆十五年(1801)刊
⑥缺(存3册)
2、清道光三年(1832)宝华楼刊
②缺

0481　考卷文雄／（清）李树滋编. -- 清道光二十七年(1847)重刊
③缺(存初集)

0482　学治臆说　二卷续说一卷／（清）汪辉祖撰. --清刊
②全

0483　钦定学政全书　八十六卷首一卷／（清）素尔纳等纂修. --清刊

②缺

③缺（卷 8 - 15、25 - 35、42、49 -
86）

⑥缺（存 7 册）

0484　奏定学堂章程／（清）张之
洞等撰. --清湖北学务处刊

②全

0485　教育行政／（日）木场贞长
撰　（清）陈毅译. -- 清光绪二十八年
（1902）刊

④全

**0486　钦定四书文选（又名四书
文）　四十一卷**／（清）方苞等编. --
清刊

②缺

⑥缺

0487　小题正鹄全集／（清）李元
度编辑

1. 清道光二十六年（1846）刊

②全

③缺（存初集 2 册、二集 2 册、3 集
3 册）

2. 清光绪七年（1881）刊

③缺

3. 清光绪八年（1882）文昌书局
重刊

⑥全

0488　初学备发　一卷／（清）李
元度辑. -- 清刊

②全

0489　举业新模四续／（清）周百
顺辑. -- 清道光二十一年（1841）刊

另题新选庚子辛丑科乡会墨

④缺（存 1 册）

0490　举业前模续／（清）周百顺
编. -- 清道光间经国堂刊

③缺

0491　注释八铭塾钞初集二集／
（清）吴懋政撰

1. 清道光十年（1830）六一堂刊

⑥缺

2. 清光绪十四年（1888）学库山
房刊

⑥缺

3. 清光绪十六年（1890）尚得书
局刊

②缺

4. 清光绪二十年（1894）湖南书
局刊

⑥缺

5. 清刊

②缺

④缺

0492 增订张太史稿／(清)张江
撰. --清刊
②缺
⑥全

0493 江汉炳灵集 上下卷／
(清)潘恭寿等撰. --清同治十年
(1871)京都琉璃厂刊
②缺
③缺(卷下)
⑥全

0494 直省乡墨扶轮集／(清)陈
康祺评选. -- 清同治十二年(1873)刊
②缺
⑥缺

0495 十八科乡会墨式 一卷／
(清)贾桢撰. --清同治五年(1866)京
都琉璃厂刊
②全

0496 制义灵枢四编／(清)周铭
恩撰. --清光绪间刊
⑥缺(存1册)

0497 张太史塾课注释 十二
卷／(清)周汝调原编 (清)陈观民

注释. --清刊
②缺(卷1－4)

0498 张百川先生塾课注释／
(清)周汝调原编 (清)陈观民注
释. -- 清刊
③缺

0499 利试文格 四卷／(清)钟
运尧撰. --清同治间刊
②缺(卷1、3－4)
⑥缺(卷3－4)

0500 精选近八科乡墨范园 十
二卷／(清)铁珊等编次. -- 清刊
②缺(卷8)

0501 国朝名文春霆集／(清)李
鸣谦等选. -- 清经国堂刊
⑥缺(存1册)

0502 增订秦状元稿／(清)秦大
士撰. --清刊
③缺

0503 古文笔法百篇 二十卷／
(清)李扶九撰
1. 清光绪二十八年(1902)刊
②缺(卷1－5、8－13)
2. 民国三年(1914)振华书局刊

⑥全

0504　增批古文笔法百篇　二十卷 / （清）李扶九原选

1. 清石竹山房书局刊

⑥全

2. 清三味堂刊

②缺（卷1－14）

0505　乡会元文合璧　六卷 / （清）吴世美等辑. -- 清同治十二年（1873）刊

②缺

⑥缺（卷2－3、6）

0506　新科直省考卷清雅　四集 / （清）何希轼选. -- 清道光四年（1824）东山书院刊

③缺

0507　考卷截答新编 / （清）缪箓泉编次. -- 清道光九年（1829）刊

③缺

0508　国朝答题正宗 / （清）汪坛等辑. -- 清刊

②缺

0509　河南乡试闱墨 / （清）邹履道等辑. -- 清刊

②缺

0510　分体利试文中初集　六卷 / （清）郝朝升评选. -- 清刊

④缺（卷5）

0511　仁在堂全集　十四集 / （清）路德撰

1. 清同治六年刊

③缺（集2－4、8－14）

2. 清光绪七年（1881）刊

②缺（集9－10）

3. 清邵州经纶堂刊

③缺

4. 清刊

⑥缺

0512　国朝文塾课初编二编三编 / （清）潘芝轩评选. -- 清道光二十三年（1843）刊

封面题时文正宗

②缺

0513　新选小题锐锋 / （清）汪静澜编次. -- 清道光间刊

③缺（存集2－3）

0514　大题文府 / （清）退庵居士辑. -- 清同文书局刊

⑥缺

0515　最新中国历史教科书／
（清）姚祖义辑. -- 清光绪三十四年
（1908）上海商务印书馆刊
　　③缺（存卷2－4）

0516　读书作文谱　十二卷／
（清）唐彪辑注. --清刊
　　附《父师善诱法》上下卷
　　②缺（存1册）
　　③全

0517　初学行文语类　四卷／
（清）孙延编. -- 清经国堂刊
　　③全

0518　增订初学秘诀　一卷／
（清）吴肖元选评. -- 清刊
　　②全
　　③全

0519　试策笺注（原名采真汇稿）
四卷／（清）檀萃撰　（清）曾力行
注. --清刊
　　⑥缺（卷1、3）

0520　新编分法小题拆字　一
册／（清）邱桐撰
　　1.清道光间刊
　　②全
　　2.清英德堂刊

　　④全

0521　明文分类小题贯新编／
（清）楼沨撰. --清嘉庆二年（1797）刊
　　③缺

0522　套板明文小题贯新编／
（清）楼沨撰. -- 清道光二十七年
（1847）刊
　　②缺

0523　四书小题题镜／（清）佚名
辑. --清同治四年（1865）生花阁刊
　　②缺

0524　四书补注备旨题窍汇参
三卷／（清）邹汝达增辑. -- 清安汉永
顺堂刊
　　③全

0525　五经合纂大成　三十卷／
（清）佚名辑. --清光绪十一年（1885）
广百宋斋刊
　　⑤全

0526　精选小题真珠船／（清）佚
名辑. --清光绪十二年（1886）上海点
石斋刊
　　⑥缺（存卷大学等）

0527 缩本精选大题文汇/（清）
佚名辑. --清光绪十二年（1886）上海
点石斋刊
⑥全

0528 楚北校士录 不分卷/
（清）佚名辑. --清光绪二十年
（1894）刊
⑥缺（存1册）

0529 湖北高等学堂课艺 六卷/
（清）佚名辑. --清刊
②缺（卷1、4－5）

0530 湖北高等学堂最新课艺
六卷/（清）佚名辑. --清光绪三十年
（1904）东京启新社印
③缺（卷2－4）

0531 初学文范 上下卷/（清）
佚名辑. --清三让堂刊
②全

0532 明文小题传薪 五卷/
（清）臧岳评释. -- 清刊
②缺（卷1－3）
③缺

0533 小题指南 四集/（清）佚
名辑

1. 清刊
⑥缺
2. 民国间抄本
⑥缺（存1册）

0534 新增广广策府统宗 七十
九卷/（清）佚名辑. --清刊
⑥缺（卷40－48、61－79）

0535 历史教科书/徐映川等编
校. -- 民国二十六年（1937）刊
②缺（存1册）

0536 中等新论说文范/邵希雍
撰. --民国六年（1917）刊
②缺

0537 学文法 二卷/谢慎修
撰. --民国八年（1919）广益书局刊
②缺（卷上）

0538 小学作文入门初集/秦国
培评选. -- 民国八年（1919）上海商务
印书馆
②全

0539 小学作文入门第二集/胡
君复评选. -- 民国九年（1920）上海商
务印书馆刊
②全

0540　中华高等小学理科教授书／顾树森　戴克敦编. -- 民国二年（1913）刊

②缺（存册7）

0541　植物学教科书　一卷／（日）斋田功太郎　（日）佐藤礼介撰　沈增祺译编. -- 民国间刊

②全

0542　中国文法要略　三卷／吕叔湘撰. -- 民国间上海商务印书馆刊

②缺（卷1、3）

0543　中学国文读本　八册／佚名辑. -- 民国二年（1913）上海商务印书馆刊

⑥缺（册1、3－8）

0544　全国学校国文成绩新文库　三卷／佚名辑. -- 民国间刊

②缺（卷1－2）

0545　答题课文／佚名辑. -- 民国抄本

⑥缺（存1册）

0546　英文之历史／佚名辑. -- 民国抄本

⑥缺（存1册）

0547　高等女子新作文范　一卷／佚名辑. -- 民国间广益书局刊

②全

0548　新编作文材料精华录　二编／佚名辑. -- 民国十一年（1922）彪蒙书局刊

⑥缺

0549　言文对照初学论说精华／佚名辑. -- 民国上海广益书局刊

⑥缺

0550　言文对照初学论学文范／佚名辑. -- 民国间上海会文堂书局刊

⑥缺

0551　论说文范　一卷／佚名辑. -- 民国间湖北官纸印刷局代印

②全

0552　国文教科初等小学用课本　五十课／佚名辑. -- 民国间湖北竹溪县平民工厂印刷科东壁堂刊

③全

交涉

0553　通商约章类纂　三十五卷首一卷／（清）张开运等纂. -- 清光绪十八年（1892）广东善后局刊

④全

0554 万国公法 四卷／（美）惠顿撰 （美）丁韪良译. -- 清光绪二十七年（1901）刊

⑥全

0555 大清国大英国续议滇缅商界务条约／（清）佚名辑. --清光绪间刊

②缺（存1册）

掌故杂记

0556 庸闲斋笔记 十二卷／（清）陈其元撰. --清宣统三年（1911）上海扫叶山房刊

⑥缺（卷10－12）

0557 采菽堂笔记 上下卷／（清）杜俞撰. --清光绪三十三年（1907）姑苏重刊

②全

0558 养吉斋丛录 二十六卷余录十卷／（清）吴振棫撰. --清光绪二十年（1894）刊

④全

杂论

0559 盛世危言 十四卷／（清）郑观应撰

1. 清光绪二十二年（1896）上海书局刊

②缺（卷3－4）

2. 清光绪二十三年（1897）石印

③缺（卷3－4、6－14）

0560 黎副总统政书／佚名辑. --民国湖北官纸印刷局刊

⑥缺（存卷14－17、22－23、26－27、34）

目录类

0561 古今伪书考 二卷／（清）姚际恒撰. --清光绪十五年（1889）长沙章氏经济书堂刊

④全

0562 钦定四库全书总目 二百卷首四卷／（清）纪昀等编

1. 清同治七年（1868）广东书局刊

④全

2. 民国十五年（1926）上海大东书局刊

⑥缺

0563 钦定四库全书提要 一百十四卷补遗一卷附录三卷／（清）纪昀等编. -- 清光绪三年（1877）湖北崇文

书局刊

　　②缺(存2册)

0564　艺风堂藏书记　八卷／缪
荃孙撰. --清光绪二十七年(1901)刊
　　④缺(卷3－8)

0565　书目提要／佚名辑. --民国
九年(1920)刊
　　②缺(存1册)

金石类

0566　京畿金石考　二卷／(清)
孙星衍撰. --清同治十一年(1872)刊
　　④全

0567　寰宇访碑录　十二卷／
(清)孙星衍　(清)邢澍撰. --清光绪
九年(1883)江苏书局刊
　　④全

0568　金石索　十二卷／(清)冯
云鹏　(清)冯云鹓撰. --清道光元年
(1821)滋阳县署刊
　　④缺(金索缺　石索全)
　　⑥缺(金索缺　石索全)

0569　金石萃编　一百六十卷／
(清)王昶撰. --清光绪十九年(1893)

上海宝善书局刊

　　⑤全

0570　语石　十卷／(清)叶昌炽
撰. --清宣统元年(1909)苏州振新书
社刊
　　④全

0571　校碑随笔　八卷／方若
撰. --民国二十年(1931)刊
　　④全

史钞类

0572　历代史腴　上下卷／(清)
周金坛纂辑. -- 清刊
　　③全
　　④缺(卷上)
　　⑥缺(卷下)

0573　史记选　六卷／(清)储欣
选评. -- 清二南堂刊
　　⑥缺(卷1－2)

0574　史鉴节要便读　六卷／
(清)鲍东里撰
　　1.清同治元年(1862)刊
　　⑥缺(卷4－6)
　　2.清光绪二十九年(1903)刊
　　③缺(存卷4－6)

3. 清刊

②缺(卷1-4)

0575　史记菁华录　六卷／(清)
姚苎田辑

1. 清光绪七年(1881)草山房刊

④全

2. 清三味堂刊

⑥缺(卷1、3-6)

3. 清刊

②缺(卷1-2、4-6)

0576　汉书精华　八册／中华书
局编. -- 民国八年(1919)中华书局刊

⑥缺(册1-2)

史评类

0577　历代史论／(明)张溥撰

1. 清光绪九年(1883)都城苍松山
房刊

⑥缺

2. 清光绪二十三年(1897)粤东刊

③缺

3. 清光绪间刊

⑥缺

4. 清刊

②缺

0578　史通通释　二十卷／(清)
浦起龙撰

1. 民国间上海文瑞楼刊

⑤全

2. 民国间刊

④缺(卷1-2)

0579　史通削繁　四卷／(清)纪
昀撰. --清光绪二十二年(1896)新化
三味堂刊

②缺(卷3)

0580　廿二史札记　三十六卷补
遗一卷／(清)赵翼撰. --清金陵书局
据汲古阁本刊

②缺(卷首)

0581　船山史论　四种／(清)王
夫之撰

1. 清光绪二十四年(1898)集益学
社刊

⑥缺

2. 清光绪二十六年(1900)湖南益
友书局刊

②全

⑥全

0582　王船山读通鉴论(附宋论)／
(清)王夫之撰. --民国上海商务印书
馆刊

③缺
⑥全

0583 读史论略 二卷／（清）杜诏撰. --清刊
②缺（卷上）

0584 文史通义 八卷／（清）章学诚撰
1. 清光绪二十五年（1899）新化三昧堂刊
②缺（卷4－5）
2. 清宣统三年（1911）上海广益书局刊
⑥全

0585 澂景堂史测 十四卷／（清）施鸿撰. --清光绪二十八年（1902）刊
④全

0586 十七朝史事新论 一卷新论续编一卷／（清）张金铃评选. --清刊
⑥全

0587 史鉴纲目新论 九卷／（清）谭奇辑. --清刊
②缺（卷1－2、4－6）

0588 读史大略 六十卷附录一卷／（清）张白撰. --清道光二十五年（1845）刊
⑥缺（卷9－17、32－60）

0589 纲鉴择语 十卷／（清）司徒修撰
1. 清同治六年（1867）来鹿堂刊
⑥全
2. 清同治七年（1868）光霁堂刊
②缺（存6册）
3. 清光绪二年（1876）刊
③缺（卷3－4）
4. 清光绪二十四年（1898）上海书局刊
⑥缺（卷3－4）

0590 潭南辨惑 三十三卷／王若虚撰 侯毓珩标点. --民国二十年（1931）上海大东书局《国学门径丛书》本
①全

0591 两汉别解／佚名辑. --清香谷山房刊
③缺（存卷3、6）

0592 评点历朝史论精华／佚名辑. --民国八年（1919）刊
②缺

子 部

诸子合刻类

0593 六子全书 /（明）顾春辑. -- 民国三年（1914）右文社据明世德堂本影印

⑤全

0594 十子全书 十种 /（清）王子兴辑. -- 清嘉庆九年（1804）姑苏王氏聚文堂刊

④缺（3 种）

0595 子书百家 一百种 /（清）崇文书局辑. -- 清光绪元年（1875）湖北崇文书局刊

②缺（存 4 种）

④缺（存 4 种）

⑤缺（存 7 种）

⑥缺（3 种）

0596 子书二十三种 / 浙江书局辑. -- 民国二年（1913）育文书局刊

②缺（存 9 册）

⑥缺（存 6 册）

儒家类

0597 晏子春秋 八卷 /（周）晏婴撰. -- 民国间上海商务印书馆刊

⑥全

0598 荀子 二十卷 /（周）荀况撰 （唐）杨倞注

1. 清光绪二年（1876）浙江书局据嘉善谢氏本刊

⑤全

2. 清光绪间刊

⑤全

0599 说苑 二十卷 /（汉）刘向撰. -- 清刊

④全

0600 扬子法言 十三卷附音义一卷 /（汉）扬雄撰 （晋）李轨注 （宋）佚名音义. -- 清光绪二年（1876）浙江书局据江都秦氏本刊

②缺

⑤全

0601　孔子家语　十卷／（魏）王肃撰

1.清光绪二十二年（1896）依刘氏校勘汲古阁影宋本刊

⑤全

2.清刊

②缺（卷1－4）

0602　上蔡语录　三卷／（宋）谢良佐撰. --清光绪十八年（1892）陈氏刊

④缺（卷上中）

0603　困学纪闻　二十卷／（宋）王应麟撰. --清刊

②缺

0604　近思录　十四卷／（宋）朱熹　（宋）吕祖谦辑. -- 清同治七年（1868）楚北崇文书局刊

⑤全

0605　小学集注　六卷／（宋）朱熹撰　（明）陈选注

1.清光绪三十二年（1906）澹雅书局刊

②缺（卷4－6）

2.清光绪间金陵书局重刊

⑤全

3.清藻文堂刊

②全

4.清三让堂刊

②缺

5.清刊

②缺

③缺（卷4－6）

④缺（卷4－6）

⑥缺（卷1－5）

0606　求志编　一卷／（明）王文录撰. --清刊

⑥全

0607　袁了凡四训　一卷／（明）袁了凡撰. --清刊

②全

0608　胡敬斋先生居业录　八卷／（明）余祐辑. -- 清刊

④缺（卷5－8）

0609　万世玉衡录　四卷／（清）蒋伊撰. --清乾隆间刊

⑥全

0610　近思录集注　十四卷／（清）江永撰

1.清咸丰三年（1853）刊

⑥缺（卷9－14）

2.清同治七年（1868）楚北崇文书

局刊

⑥缺(卷 4 - 8)

3.民国十三年(1924)上海扫叶山房重刊

⑤全

0611　儒门法语辑要 /（清）彭定求辑. -- 清光绪七年(1881)刊

⑥缺(存 1 册)

0612　初学发蒙四种 /（清）纪昀评选. -- 清光绪二十七年(1901)逸香斋刊

②缺(第 2、4 种)

0613　五种遗规 /（清）陈宏谋撰

1.清道光六年(1826)刊

④缺(存从政遗规、在官法戒录)

2.清光绪二十一年(1895)浙江书局刊

④全

3.清刊

②缺(存教女遗规、训俗遗规)

0614　教女遗规　二卷 /（清）陈宏谋撰. --清刊

②缺(卷 1)

0615　小学集解　六卷 /（清）张伯行撰

1.清咸丰元年(1851)刊

②缺

2.清同治六年(1867)楚北崇文书局刊

⑥全

3.清同治十年(1871)楚醴聚奎书阁刊

③全

4.清光绪三十一年(1905)澹雅书局刊

②全

5.清锦江书院刊

③缺(卷 2 - 6)

0616　课子随笔　十卷 /（清）张师载撰. --民国十二年(1923)刊

④全

0617　目耕帖　三十一卷 /（清）马国翰撰. --清光绪九年(1883)长沙娜嬛馆刊《玉函山房辑佚书》本

②缺(卷 6 - 7)

④全

0618　人生必读书　十二卷 /（清）唐彪撰. -- 清道光十六年(1836)刊

④全

0619　人范须知　六卷 /（清）盛

隆撰. --清光绪二十一年(1895)楚北
郧西古麇何立修刊

⑥缺(卷3)

0620　张太史训子　三十篇／
(清)张百川撰. --清道光十五年
(1835)刊

②全

0621　翼教丛编　六卷／(清)苏
舆编. --清光绪二十四年(1898)武昌
重刊

④全

0622　幼学求源　三十二卷／
(清)程登吉撰　(清)邹圣脉增补
(清)董成注. --清刊

⑥缺(卷1-6、32)

0623　二论引端详解　四卷／
(清)刘忠辑

1.清光绪三十年(1904)三让书
局刊

⑥缺(卷3-4)

2.清宣统元年(1909)上海炼石斋
书局刊

②缺

3.清宏道堂刊

②缺

④缺(卷3-4)

4.铸记书局刊

②缺

5.上海育文书局刊

②缺

6.上海广益书局刊

②缺

**0624　改良增订绘图二论引端详
解　四卷／**(清)刘忠辑

1.上海文盛书局刊

②缺

2.上海章福记书局等刊

②缺

0625　二论备旨童子进学解／
(清)孙子未撰. --清爱莲堂刊

②缺

0626　困学纪闻注　二十卷／
(清)翁元圻撰

1.清道光五年(1825)余姚翁氏守
福堂刊

④缺(卷1、8-11、17-20)

2.清咸丰元年(1851)长沙小娜嬛
山馆重刊

④缺(卷16-20)

0627　困学纪闻集证　二十卷／
(清)万希槐撰

1.清嘉庆八年(1803)刊

⑥缺(卷2、6-8、17-20)

2. 清刊

②缺

0628 双节堂庸训 六卷／(清)
汪辉祖撰. --清同治七年(1868)楚北
崇文书局刊

②缺(卷4-6)

0629 劝学篇 二卷／(清)张之
洞撰. --清光绪二十四年(1898)湖北
两湖书院刊

④全

⑥全

0630 小学集注 上下卷外篇／
(清)高愈纂辑. -- 清宏道堂刊

⑤全

0631 三字经注解备要 二卷／
(清)王应麟撰 (清)贺兴思注解. --
清同治二年(1863)刊

②全

0632 增补历史三字经／(清)佚
名撰. -- 清明德堂刊

③缺

0633 性理论新编／(清)许虞龙
撰. --清同治元年(1862)刊

③缺(存1册)

0634 女子六戒／(清)萧王
撰. --清光绪三十三年(1907)房陵白
邑余氏宗祠刊

③缺(存1册)

0635 小学大全集注／(清)王安
又辑

1. 清大文堂刊

②缺

2. 清藻文堂刊

②缺

0636 小学体注大成／(清)沈明
远辑. --清聚奎堂刊

③缺(存3册)

0637 洗心金液／(清)佚名
辑. --清咸丰十年(1860)坛刊

②缺

0638 醒悟人心 上下卷／(清)
佚名辑. --清光绪七年(1881)年刊

③全

0639 小学论说精华/佚名辑. --
民国间上海广益书局刊

③缺(存卷1)

兵家类

0640　金汤借箸十二筹　十二卷／(明)李盘撰. --清刊

④全

0641　草庐经略　十二卷／(明)佚名撰. --清光绪六年(1880)粤雅堂刊

④全

0642　海国图志　一百卷／(清)魏源撰

1.清光绪二年(1876)刊

⑥缺(卷1－11、15－34、35－73、77－83、87－100)

2.清光绪二十八年(1902)文贤阁刊

③缺(卷1－4、21－46、56－100)

⑤全

0643　海国图志续　二十五卷／(英)麦高尔辑著　(美)林乐知　(美)瞿昂来同译

1.清光绪二十八年(1902)文贤阁刊

③缺(卷11－25)

⑤全

2.清刊

②缺(卷1－3、7－25)

0644　读史兵略　四十六卷／(清)胡林翼撰

1.清咸丰十一年(1861)武昌节署刊

⑥全

2.清刊

②缺(卷1－44)

3.上海绍光书局刊

③缺(卷1－2、4、7－11、13－46)

0645　洋防说略　二卷／(清)徐家干撰. --清光绪二十三年(1897)刊

④全

0646　武备辑要续编　十卷／(清)许学范撰. --清道光二十九年(1849)刊

⑥全

0647　步兵操法／(清)北洋陆军教练处编. -- 清光绪三十二年(1906)湖北督练公所刊

②缺(存1册)

法家类

0648　管子　二十四卷／(周)管

仲撰　（唐）房玄龄注

　　1.民国四年(1915)会文堂书局刊

　　⑤全

　　2.民国间上海扫叶山房刊

　　⑤全

　　0649　管子补注　二十四卷／（周）管仲撰　（明）刘绩补注．--清刊

　　④缺(卷12－19)

　　0650　批点管子全集　二十四卷／（唐）房玄龄注．--清光绪三十年(1904)广东点石斋刊

　　⑤全

农家类

　　0651　重绣二如亭群芳谱　三十卷／（明）王象晋撰．--清两仪堂刊

　　④全

　　⑥缺

　　0652　重订增补陶朱公致富奇书八卷／（明）佚名撰．--清刊

　　⑥缺(卷3－4)

　　0653　湖北农会报／（清）湖北农务总会编辑出版

　　②缺(存1册)

　　⑥缺(存5册)

　　0654　湖北农林讲习所讲义／佚名撰．--民国间会新石印馆刊

　　⑥缺(存1册)

　　0655　养蚕法讲义录／（日）坪井启作讲授　刘先稠编述．-- 民国间抄本

　　⑥全

　　0656　森林经理学　二十章／（日）孙藤芳治编辑．-- 民国间油印本

　　⑥全

　　0657　桑树栽培讲义　九章／（日）丹羽师口授　罗振云编述．-- 民国间抄本

　　⑥全

医家类

　　0658　注解伤寒论　十卷／（汉）张机撰　（晋）王叔和编　（金）成无己注．--清同治四年(1865)聚锦堂刊

　　④缺

　　0659　图注脉诀辨真　四卷／（晋）王叔和撰　（明）张世贤注．--清

嘉庆二十一年(1816)宏德堂刊

⑥全

0660 千金翼方 三十卷／(唐)
孙思邈撰. --清刊

⑥缺(卷1－4、11－30)

0661 黄帝素问灵枢合纂／(唐)
王冰注. --清咸丰十年(1860)恒盛
堂刊

④全

0662 珍珠囊药性赋／(金)李杲
撰. --清聚秀堂刊

②缺(存1册)

0663 珍珠囊指掌补遗药性赋
四卷 雷公炮制药性解 六卷／(金)
李杲撰 (明)李中梓编. -- 清宏道
堂刊

③缺(存卷1－2)

0664 增广本草纲目 五十二
卷／(明)李时珍撰

1.清刊

⑥缺(存卷13、27)

2.民国十二年(1923)上海商务印
书馆刊

⑥全

0665 痘科类编释意 三卷／
(明)翟良撰. --清嘉庆十七年
(1813)刊

②缺

0666 元亨疗牛马驼集 六卷／
(明)喻本元 (明)喻本亨合撰. --民
国间上海铸记书局刊

③缺

0667 温疫论 二卷／(明)吴有
性撰. --清刊

②缺(卷1)

0668 增补万病回春 八卷／
(明)龚廷贤撰. --清刊

②缺

0669 新刊医林状元寿世保元
十卷／(明)龚廷贤撰. --清刊

②缺

0670 济阴纲目 十四卷／(明)
武之望撰. --清天德堂刊

⑥缺

0671 针灸大成 十卷／(明)杨
继洲撰. --清刊

②缺(卷1－4、6－10)

⑥缺(卷1、3－10)

0672　类方准绳　八卷／（明）王肯堂撰. --清刊

⑥缺

0673　重订眼科大全（又名审视瑶函）　六卷／（明）傅仁宇撰. --清刊

②缺（卷2－6）

0674　御纂医宗金鉴　十五种九十卷／（清）吴谦等辑

1. 清刊

②缺（卷1－3、8－82、85）

⑥缺

2. 民国间上海广益书局刊

⑥缺（卷1－23、59－90）

0675　石室秘录　六卷／（清）陈士铎撰. --清刊

③缺（卷4－6）

0676　重订痘疹定论　四卷／（清）朱纯嘏撰. --清道光三十年（1850）经纶堂刊

③全

0677　医门法律　六卷／（清）喻昌撰. --清刊

②缺（卷1、3－6）

0678　素问灵枢类纂约注　三

卷／（清）汪昂撰. --清刊

②缺

0679　本草医方合编／（清）汪昂撰

1. 清聚秀堂刊

③缺

2. 清宏道堂刊

②缺

3. 清刊

⑥缺

0680　伤寒瘟疫条辩　六卷／（清）杨璿撰. --清刊

③缺（存卷2－6）

0681　医学实在易　八卷／（清）陈念祖撰. --清光绪二十七年（1901）新化三味书局刊

⑥缺（卷3－8）

0682　伤寒论浅注　六卷／（清）陈念祖撰. --清刊

②缺

0683　医学三字经　四卷／（清）陈念祖撰. --清桂芸堂刊

②缺（卷2－4）

0684　时方妙用　四卷／（清）陈

念祖撰. --清刊

②缺

0685 图注本草纲目求真 九卷附脉里求真上下卷／（清）黄宫绣撰. --清文奎堂刊

⑥全

0686 医学摘要 四卷／（清）林凤翥撰. --清道光二十一年（1841）刊

⑥缺（卷2－4）

0687 临证指南医案 十卷／（清）叶桂撰. --清聚锦堂刊

⑥缺（卷7－10）

0688 幼幼集成 六卷／（清）陈复正辑. -- 清乾隆十六年（1751）宏道堂刊

②缺（卷5）

0689 王叔和图注删脉诀规正上下卷／（清）沈镜撰

1. 清乾隆四十九年（1784）桂月楼刊

⑥全

2. 清聚奎堂刊

⑥全

3. 清刊

③缺（卷下）

0690 启朦真谛／（清）胡崧辑. --清光绪间刊

⑥缺

0691 中西汇通医书五种／（清）唐宗海撰. --清光绪三十四年（1908）上海千顷堂书局刊

⑥缺（精义、伤寒论浅注补正、血证论）

0692 黄氏医书八种／（清）黄元御撰. --清咸丰十年（1860）长沙燮和精舍徐氏刊

⑥缺（存四圣心源卷7－10）

0693 济阴捷经／（清）郭□撰. --清咸丰五年（1855）郧城谦和堂新刊

⑥缺（存1册）

0694 辑补温热诸方 一卷／（清）方内散人编. -- 清会友堂刊

③全

0695 王叔和四种详注合编／（清）佚名辑. --清光绪五年（1879）善成堂刊

②缺

⑥全

**0696 望闻问切诊道/ 佚名辑. --
民国间抄本**

⑥缺(存1册)

**0697 饲幼良方/ 佚名辑. --民国
间抄本**

⑥缺(存卷2－3)

天文算法类

**0698 算法统宗大全 十二卷／
(明)程大位撰. --清同治六年(1867)
经国堂刊**

②全

**0699 象吉备要通书 二十九
卷／(清)魏鉴撰**

1. 清同治三年(1864)同文馆刊

⑥缺(卷6－11、15－29)

2. 清善成堂刊

②缺(卷7－8、10－13、23)

**0700 校正铜陵算法 上下卷／
(清)俞嘉庆撰**

1. 清三让堂刊

②缺(卷下)

2. 清京都打磨厂永魁斋刊

⑥全

**0701 笔算数学详草／(清)顾鼎
铭撰. --清刊**

③缺(存章上)

**0702 学算笔谈 十二卷／(清)
华蘅芳撰**

1. 清光绪十一年(1885)金匮华
氏刊

③全

2. 清光绪二十二年(1896)刊

③缺(卷2－6、9－12)

**0703 御定万年书／(清)官
修. --清光绪间刊**

②全

⑥全

**0704 缀术释戴 一卷／(清)戴
煦原本 (清)左潜释. -- 清光绪元年
(1875)刊**

②全

**0705 直方大斋算学数学 上中
下编／(清)曹汝英撰**

1. 清光绪二十九年(1903)羊城刊

②缺(中下编)

⑥缺(下编)

2. 清光绪三十年(1904)武昌刊

②缺(中下编)

④全

⑥全

0706 高厚蒙求 四卷／（清）徐朝俊撰. --清嘉庆十二年(1807)刊
③缺

0707 笔算数学 三卷／（美）狄考文 （清）邹立文撰. --清光绪二十三年(1897)上海美华书馆刊
⑥全

0708 新法算术教科书／樊平章等撰. --民国九年(1920)刊
②缺

0709 新学制算术教科书／骆师曾撰. --民国十六年(1927)上海商务印书馆刊
②缺

术数类

0710 地理存菁 二卷／（晋）郭璞撰. --民国十二年(1923)刊
④全

0711 疑龙经批注校补 三卷／（唐）杨益撰. --清光绪二十九年(1903)益元书局刊

④全

0712 青囊奥语 一卷／（唐）杨益撰. --民国间抄本
④全

0713 地理雪心赋 四卷／（唐）卜应天撰 （清）孟天其补注. --民国八年(1919)铸记书局刊
②全

0714 相宗八要直解 上下卷／（唐）玄奘解. --清同治九年(1870)金陵刻经处刊
④全
⑥全

0715 河洛理数 七卷／（宋）陈希夷撰. --清文奎堂刊
④缺(卷5)

0716 官版地理天机会元正篇体用括要 三十五卷／（宋）蔡牧堂撰. --清刊
②缺(卷1－5、16－18、21－23、25－32)

0717 催官篇 四卷／（宋）赖文俊撰. --清刊
②缺(卷1－2)

0718　梅花易数　五卷／（宋）邵雍撰. --清聚秀堂刊

②缺

⑥缺

0719　四弹子／（元）耶律楚材撰. --清两铭堂刊

②缺（存金弹子地理元珠经、玉弹子地理元珠经）

⑥缺（存金弹子地理元珠经）

0720　地理人天共宝　十二卷／（明）黄慎编. --清明道堂刊

④缺（卷2-3、5）

0721　地理辨正补义　五卷／（明）蒋杜陵补传　（清）尹有本补义. --清嘉庆九年（1804）刊

②缺（卷1、3）

0722　地理辨正再辨直解合编　五卷／（明）蒋杜陵补传　（清）姚铭注　（清）无心道人增补

1. 清宏道堂刊

②缺（卷1-3）

2. 清经纶堂刊

④缺（卷4-5）

0723　地理家传心法捷诀一贯堪舆　八卷／（明）唐世友撰. --清宏道堂刊

⑥缺（卷2-8）

0724　五种秘窍全书／（明）甘霖撰. --清富春堂刊

③缺（存选择通书秘窍卷上中、罗经秘窍图书卷1-5、8-10）

0725　星平会海　十卷／（明）霞阳水中龙撰. --清道光八年（1828）刊

③缺（卷6-7）

0726　管窥辑要　八十卷／（清）黄鼎撰. --清刊

②缺（存1册）

⑥缺（存5册）

0727　地理知本金锁秘　二卷／（清）邓仙卿撰. --清嘉庆二十一年（1816）梦觉草堂刊

④全

0728　校补地理点穴撼龙经／（清）荣鉐勋等校补. -- 民国十二年（1923）汉文堂刊

④缺

0729　地理啖蔗录　八卷／（清）袁守定撰

1. 清光绪六年（1880）宝庆仁记刊

④全

2. 清刊

②缺(卷1-2)

0730 地理五诀 八卷／(清)赵玉材撰

1. 清刊

⑥缺(卷1-6)

2. 民国二十八年(1939)刊

②缺(卷5-6)

0731 神峰辟谬命理正宗／(清)张楠撰

1. 清大文堂刊

③缺(存卷1-3、6)

2. 清英德堂刊

②缺(卷4)

3. 清刊

②缺(存卷4)

0732 崇正辟谬永吉通书 十四卷／(清)李奉来撰

1. 清宏道堂刊

④缺(卷3-7、9-11)

2. 清经元堂刊

③缺(卷5-14)

3. 清刊

⑥缺(卷1-3、6-14)

4. 民国三年(1914)尚古书局刊

③缺(卷5-14)

0733 五星命学津梁 一卷／(清)魏明远注. --清嘉庆七年(1802)大成堂刊

②全

0734 钦定协纪辨方书 三十六卷／(清)允禄等撰. --清刊

②缺(2册)

④全

0735 皇极经世书绪言 九卷首一卷／(清)刘斯组辑 (清)包耀图注. --清嘉庆四年(1799)钱塘善成堂刊

③全

④全

0736 增删卜易 六卷／(清)野鹤老人撰. --清刊

②缺(卷1-3)

0737 地理辨正疏 五卷／(清)张心言撰. --清道光九年(1829)刊

④缺(卷1、4)

0738 阳宅大成／(清)魏青江撰

1. 清英秀堂刊

③缺(存宅谱指要、宅谱迩言、选时造命、修方案证)

2. 清刊

⑥缺(存宅谱指要、宅谱迩言、宅谱问答指要)

0739 选时造命 四卷/(清)魏青江撰. --清宏道堂刊
②全

0740 子平四言集腋 六卷/(清)廖瀛海撰. --清刊
②缺(卷1-3、5-6)

0741 罗经透解 上下卷/(清)王道亨辑录. -- 清宣统三年(1911)刊
③全

0742 四秘全书 十二种/(清)尹有本辑. -- 清刊
②缺(存三字青囊经)
④缺(存地理辨证补义)

0743 八字论/(清)王复善撰. --清道光四年(1824)刊
②缺(存1册)

0744 阳宅三要/(清)赵廷栋撰. --清刊
②缺(存卷3-4)

0745 卜筮正宗全书 十四卷/(清)王洪绪撰

1. 清宏道堂刊
③缺(卷4-11)
2. 清刊
②缺(卷1-11)

0746 大六壬/(清)佚名辑. --清刊
②缺(存卷12-13)

0747 命理正宗/(清)佚名辑. --清刊
②缺(存卷3)

0748 诹吉便览宝镜图 一卷/(清)佚名辑. --清同治二年(1863)刊
②全

0749 增补玉匣记通书 上下卷/(清)佚名辑. --清善成堂刊
②缺(卷上)

0750 太乙数统宗大全 四十卷/(清)佚名辑. --清集福堂刊
⑥缺(卷1-8、18-29、32-33、36-37)

0751 地理录要 四卷/蒋平阶等撰. --民国间刊
②缺

0752 新颁中外普度皇经/佚名辑. --民国十三年(1924)刊
③全

0753 命理易知 十章/佚名辑. --民国间刊
⑥全

艺术类

0754 琴操 二卷/（汉）蔡邕撰. --清邵武徐氏刊《徐氏丛书》本
⑤全

0755 赵氏铁网珊瑚 十六卷/（明）赵琦美撰. --清刊
②缺
④缺

0756 声律启蒙 三卷/（明）崔铣撰. --清光绪二十年(1894)刊
②缺

0757 立雪斋琴谱 二卷/（清）汪绂撰. --清光绪间刊
④全

0758 石庵法书 /（清）刘墉撰. --清石印

⑥缺(存1册)

0759 清道人临钱泳隶书千字文/（清）钱泳书 （清）梅清道人临. --上海新马路育古山房印
⑥缺(存1册)

0760 艺学统纂/（清）马建忠等编. --清光绪二十八年(1902)上海文林刊
③缺(存卷1–3)

0761 清朝名家书画录 四卷/（清）窦镇辑. --清宣统间刊
⑤全

0762 瓯钵罗室书画过目考 四卷/（清）李玉棻撰. --清光绪二十一年(1895)三乐堂荣氏刊
④缺(卷1、3)

0763 玉台画史 五卷别录一卷/（清）汤漱玉辑. -- 民国八年(1919)上海扫叶山房刊
⑤全

0764 桐阴论画 二卷首一卷附录一卷续一卷/（清）秦祖永撰. --清光绪六年(1880)刊
④缺(卷下)

⑥缺（卷下）

0765 历代画史汇传 二十四卷／（清）彭蕴璨撰. --民国九年（1920）据上海扫叶山房本重刊

④缺（卷14-15）

0766 芥子园画传 三集／（清）王概撰. --清光绪二十九年（1930）上海虹口通文书局刊

⑥缺（存卷1-2）

0767 影印名人手札真迹大全／刘再苏搜集. -- 民国十四年（1925）上海世界书局刊

⑤全

0768 梡鞠录 二卷／朱祖谋撰. --民国六年（1917）上海扫叶山房刊《娱萱室小品丛书》本

④全

0769 宋拓张猛龙碑/佚名辑. --民国年间有正书局影印

④缺（存1册）

0770 茜窗水品/佚名辑. --同文书局石印

⑥缺（存1册）

杂家类

0771 尹文子 一卷／（周）尹文撰. --民国二十六年（1937）上海商务印书馆刊《万有文库》本

⑤全

0772 论衡 三十卷／（汉）王充撰

1.清光绪元年（1875）湖北崇文书局刊

④全

2.清刊

④全

0773 淮南鸿烈解 二十一卷／（汉）刘安撰 （清）刘文典集解

1.清光绪元年（1875）湖北崇文书局刊

⑤全

2.民国十三年（1924）上海商务印书馆刊

⑤全

0774 鹖冠子 三卷／（宋）陆佃解 （明）王宇评. -- 清嘉庆九年（1804）姑苏聚文堂刊

④全

0775　齐东野语　二十卷／（宋）周密撰. --民国八年（1919）上海商务印书馆刊
⑤全

0776　老学庵笔记　十卷／（宋）陆游撰. --清光绪三年（1877）湖北崇文书局刊
⑤全

0777　两京遗编／（明）胡维新辑. --民国二十六年（1937）上海商务印书馆据明万历十年（1582）本影印《影印元明善本丛书十种》本
⑤缺（册6－24）

0778　龙文鞭影　二卷／（明）萧良有撰　（明）杨臣诤增订
1. 清光绪十三年（1887）儒林阁刊
②全
2. 清光绪十五年（1889）刊
②全
3. 清郁文堂刊
⑥全
4. 清爱日堂刊
②全
5. 清刊
③缺

0779　百子金丹　十卷／（明）郭

伟撰
1. 清光绪二十一年（1895）益元堂刊
②缺（卷2－3、7）
④缺
2. 清光绪二十九年（1903）上海书局刊
②缺（卷2－5、7－10）
④缺
3. 清刊
⑥缺（卷1、3－9）

0780　吴川楼先生杂字　二卷／（明）吴国伦撰. --清光绪四年（1878）中兴堂刊
③全

0781　丹桂籍注案　四卷／（明）颜正撰　（明）颜文瑞补. --清刊
⑥缺

0782　谢华启秀　四卷／（明）杨慎辑. --清刊
⑥缺（卷1）

0783　识小录　四卷／（明）徐树丕撰. --清刊
②缺（卷1）

0784　经余必读全集　八卷续集

八卷三集四卷／（清）钱树棠等辑. --
清嘉庆二十一年(1816)积秀堂刊
　　④全
　　⑥缺

0785　东塾读书记　十五卷／
（清）陈澧撰
　　1.清光绪二十七年(1901)大泉书
局刊
　　④全
　　2.清光绪二十七年(1901)广州刊
　　②缺(卷5－15)

0786　日知录集释　三十二卷刊
误二卷续刊误二卷之余四卷／（清）顾
炎武撰　（清）黄汝成集释
　　1.清光绪元年(1875)湖北崇文书
局刊
　　⑤全
　　2.清刊
　　②缺(卷19－20)
　　⑥缺
　　3.民国十七年(1928)上海扫叶山
房刊
　　⑥全

0787　日知录之余　四卷／（清）
顾炎武撰. --清刊
　　⑥全

0788　日知录刊误　上下卷／
（清）黄汝成撰. --民国十三年(1924)
上海锦章图书局刊
　　⑤全

0789　读史随笔　一卷／（清）成
瓘撰. --民国三年(1914)刊
　　②全

0790　浪迹续谈　八卷／（清）梁
章钜撰. --清刊
　　⑥缺(卷1－2)

0791　郎潜纪闻　十四卷／（清）
陈康祺撰. --清宣统二年(1910)刊
　　④缺

0792　涉猎笔记　四卷／（清）熊
起磻撰. --民国十七年(1928)刊
　　④缺(卷2)

0793　身世金箴　一卷／（清）蕊
崖老人辑. -- 清同治十一年(1872)竹
溪武庙刊
　　③全

0794　三三归一　一卷／（清）不
虚撰. --清同治七年(1868)同德堂刊
　　②全
　　③全

0795　戒洋烟说／（清）唐鹤仙
撰．--清同治五年(1866)披云堂刊
　②缺（存1册）

0796　玉历钞传警世　一卷／
（清）李天锡辑．--清刊《三益集丛
书》本
　②全

0797　通天晓（又名卫济余编）
十八卷／（清）王纕堂编．--清嘉庆道
光间刊
　⑥缺（卷1－4、6－18）

0798　寄园寄所寄　十二卷／
（清）赵吉士撰．--民国四年(1915)文
盛书局刊
　⑥缺（卷4－12）

0799　传家宝／（清）石成金
撰．--清刊
　⑥缺（存第二集卷3－6、第三集卷
7－8）

0800　墨子　十五卷／（清）毕沅
校注．--清光绪三十年(1904)江西官
书局刊
　④缺

0801　墨子后语　上下卷／（清）

孙诒让撰．--清上海扫叶山房刊
　③全

0802　墨子间诂　十五卷附录一
卷后语二卷／（清）孙诒让撰
　1.清光绪二十一年(1895)刊
　③缺（卷4－6、15）
　2.民国间上海扫叶山房刊
　⑤全

0803　浮邱子　十二卷／（清）汤
鹏撰．--清上海扫叶山房刊
　②缺（卷1－2）

0804　干支集锦　二十四卷／
（清）秦嘉谟辑．--清嘉庆二十年
(1815)琳琅仙馆刊
　④全

0805　读书乐趣　八卷／（清）伍
涵芬辑．--清刊
　②缺（卷1－5）

0806　履园丛话　二十四卷／
（清）钱泳辑．--清道光间刊
　⑤全

0807　李氏蒙求补注附蒙求补注
考证　六卷／（清）金三俊撰
　1.清乾隆四十八年(1793)刊

④全

2.清咸丰间刊

⑥全

0808　文选取集腋　上下卷／
（清）胥斌辑. -- 清刊

③全

0809　劝戒录　二十四卷／（清）
梁恭辰撰

1.清咸丰二年（1852）江西省城甲
戌坊乙藜斋刊

④全

2.清刊

③缺

0810　池上草堂　六卷续六卷／
（清）梁恭辰撰. --清刊

⑤全

0811　池上草堂笔记　四录／
（清）梁恭辰撰. --清同治间刊

⑤缺（存录3－4）

0812　池北偶谈　二十六卷／
（清）王士禛撰. --清光绪二十二年
（1896）上海慎记书庄刊

⑤全

0813　香祖笔记　十二卷／（清）

王士禛撰. --清宣统二年（1910）上海
扫叶山房刊

⑤全

0814　书林清话　十卷／（清）叶
德辉撰. --清宣统二年（1910）刊

⑤全

0815　详注初学采芹　五卷／
（清）吴肖元撰. --清刊

③全

0816　滦阳消夏录／（清）纪昀
撰. -- 清刊

⑥缺（存卷4－9）

0817　文科大成　四卷／（清）佚
名撰. --清光绪十四年（1888）上海同
文书局刊

⑥缺（卷3下－4）

0818　三教正宗／（清）佚名撰. --
清光绪二十七年（1901）集仙堂刊

②缺

0819　学思文粹　十卷／苏渊雷
撰. --民国三十七年（1948）南京钵水
斋刊

①全

0820 中华全国风俗志 十卷／胡朴安撰. --民国二十四年（1935）上海大达图书供应社刊

①全

0821 国故论衡 上中下卷／章炳麟撰. --民国间刊

⑤全

类书类

0822 重订事类赋 三十卷／（宋）吴淑撰注

1. 清嘉庆六年（1801）文星堂刊

④缺（卷4－7）

⑥缺（卷1－6）

2. 清剑光阁刊

②缺

3. 清刊

②缺（卷5－8、14－21、26－30）

⑥缺（卷8－30）

0823 太平御览 一千卷／（宋）李昉等编. -- 清嘉庆十七年（1812）刊

④缺（卷128）

0824 事物纪原（又名事物纪原集类） 十卷／（宋）高承撰. --清刊

②缺

0825 玉海 二百卷／（宋）王应麟撰

1. 清乾隆间刊

④全

2. 清光绪九年（1883）浙江书局重刊

②缺（卷41－45、50－200）

0826 姓氏急救篇 二卷／（宋）王应麟撰. -- 清乾隆五十五年（1790）刊

④全

0827 十七史蒙求 十六卷／（宋）王令撰

1. 清道光二十八年（1848）大文堂刊

⑥缺（卷9－16）

2. 清刊

④缺（卷1－6）

0828 韵府群玉 二十卷／（元）阴时夫撰

1. 清乾隆二十七年（1762）三畏堂刊

④缺（卷3－20）

2. 清聚锦堂刊

②缺（卷6、11、17）

0829 幼学故事琼林 四卷／

（明）程允升撰　（清）邹圣脉增补

1. 清光绪二十二年（1896）文安书局重刊

②全

2. 清两仪堂刊

②全

3. 清爱日堂刊

⑥全

4. 清永顺堂刊

③缺（卷2-4）

5. 清聚秀堂刊

⑥缺（卷2）

6. 清会友堂刊

⑥缺（卷1-2、4）

7. 民国九年（1920）刊

②缺

0830　新增绘图幼学故事琼林四卷/（明）程允升撰　（清）邹圣脉增补

1. 民国间章福记书局刊

⑥全

2. 民国间刊

②缺

0831　古香斋新刻袖珍渊鉴类函四百五十卷/（清）张英等编. --清同治光绪间南海孔氏重刊《古香斋袖珍十种》本

⑥缺（存130册）

0832　分类字锦　六十四卷/（清）官修. --清刊

⑥缺（存13册）

0833　古今图书集成　一万卷/（清）陈梦雷　（清）蒋廷锡等编. --清光绪间刊

②缺（存838册）

0834　佩文韵府　四百四十四卷/（清）张玉书等撰

1. 清嘉庆十五年（1810）绍忍堂重刊

⑥缺（存3册）

2. 清道光间刊

⑥缺（存20册）

3. 清刊

⑤全

0835　御定韵府拾遗　一百十二卷/（清）张廷玉等编. --清刊

⑤缺

0836　子史精华　一百六十卷/（清）张廷玉等编. --清聚锦堂刊

④缺（卷65-83）

0837　酬世锦囊全集　一二三集续编/（清）邹可庭等纂辑

1. 清道光八年（1828）复顺堂刊

③缺（存一集）

2. 清刊

②缺（一集卷6、二集卷6－7、三集卷1、3－5、续编卷1）

0838 袖珍酬世锦囊续编 四卷／（清）邹可庭纂辑. -- 清三让堂刊

②全

0839 格致镜原 一百卷／（清）陈元龙撰. --清刊

⑥缺

0840 增补事类统编 九十三卷／（清）黄葆真增辑

1. 清道光二十九年（1849）丹阳黄氏刊

⑥缺

2. 民国十年（1921）上海锦章图书局刊

⑥全

0841 事类赋补遗 十四卷／（清）张均撰. --清嘉庆十六年（1811）刊

④缺（卷9－12）

⑥缺（卷1－3、7－10、13－14）

0842 广广事类赋 三十二卷／（清）吴世旃撰

1. 清嘉庆间刊

⑥缺（卷1－11、18－29）

2. 清道光十八年（1838）务本堂刊

④全

0843 续广事类赋 三十卷／（清）王凤喈撰

1. 清嘉庆六年（1801）宏道堂刊

⑥缺（卷6－7、14－30）

2. 清道光九年（1829）光华堂刊

④缺（卷29－30）

3. 清刊

②缺（卷1－17、20－24）

0844 重订广事类赋 四十卷／（清）华希闵撰

1. 清嘉庆六年（1801）文星堂刊

④缺

2. 清嘉庆十二年（1807）文盛堂刊

②缺（卷8－19、29－34）

3. 清嘉庆二十三年（1818）令德堂刊

⑥缺（卷16－27）

0845 精校巧对录 八卷／（清）梁章钜撰. --清道光间刊

⑥缺（卷3－8）

0846 格言联璧 一卷／（清）金缨辑. --清光绪四年（1878）渝城善成

堂刊

⑥全

0847 格言联璧 二卷/（清）金缨辑. -- 民国二十三年（1934）兰陵堂刊

④全

0848 子史辑要诗赋题解 四卷续编四卷/（清）胡本渊编辑. -- 清刊

⑥全

0849 分类韵锦 十二卷/（清）郭化霖辑. -- 清咸丰八年（1858）刊

③缺（卷2、1-12）

0850 三字锦初集 九卷/（清）赵暄辑. -- 清道光二十二年（1842）刊

③缺（卷5-6）

0851 三字锦 上下卷/（清）赵暄辑. -- 清大兴堂刊

③缺（卷下）

0852 新撰初学通用论说精华四卷/佚名辑. -- 民国上海广益书局刊

③全

小说家类

0853 山海经 十八卷/（晋）郭璞撰

1. 清光绪三年（1822）浙江书局据毕氏灵严山馆本刊

②缺

2. 清刊

③缺（卷1-3、6-18）

0854 拾遗记 十卷/（晋）王嘉撰. --清光绪元年（1875）湖北崇文书局刊

⑤全

0855 酉阳杂俎 二十卷续十卷/（唐）段成式撰

1. 清光绪三年（1877）湖北崇文书局刊《崇文书局汇刻书》本

⑤缺（续集卷6-10）

2. 清刊

④缺（卷1-13）

0856 夷坚志 五十卷/（宋）洪迈撰. --民国十六年（1927）上海商务印书馆重刊

④缺（册丙）

0857 绘图情天宝鉴（又名情史类

略） 二十四卷／(明)冯梦龙撰. --清光绪二十年(1894)上海刊

②缺(卷4－8、14－20)

0858 东周列国志 二十三卷／(明)冯梦龙撰 (清)蔡元放评点

1. 清咸丰四年(1854)汉口森宝斋刊

⑥缺(卷1－3、6－17、20－23)

2. 清刊

②缺(卷2－23)

⑥缺(卷1、4－12、14、16－20)

0859 绣像东周列国全志 二十三卷一百零八回／(明)冯梦龙撰. --清光绪三十一年(1905)上海商务印书馆刊

②缺(卷20－23)

0860 增像全图三国演义 六十卷／(明)罗贯中撰 (清)毛宗岗等评点. --民国间上海鸿文书局刊

⑥缺(卷1、4－7、10－60)

0861 三国演义 一百二十回／(明)罗贯中撰. --清刊

封面题第一才子书、四大奇书第一种

②缺

⑥缺

0862 影印贯华堂原本水浒传七十五回／(明)施耐庵撰. --民国二十三年(1934)中华书局刊《第五才子书》本

⑤全

0863 南宋志传（又名南宋飞龙传） 十卷五十回／(明)熊大木撰. --清刊

②缺(卷1－4、7－10)

0864 东西两晋志传 十二卷／(明)杨尔曾撰. --清刊

②缺

0865 西汉通俗演义 八卷一百零一回／(明)甄伟撰. --清刊

②缺(卷1－2、4－8)

0866 今古奇观 四十四卷／(明)抱甕老人辑. -- 清刊

②缺(卷1－3、9－10、17－23、27－36)

0867 绣像京本云合奇踪玉茗英烈全传集 八十回／(明)徐渭 撰. --清刊

②缺

0868 广虞初新志 四十卷／

(清)黄承增撰. --清嘉庆八年(1803)
寄鸥闲舫刊

　　⑥缺(卷1-38)

　　0869　异谈可信录　二十三卷/
(清)邓旵辑. -- 清嘉庆间刊

　　⑥缺(卷1-9、13-23)

　　0870　夜谈随录　十二卷/(清)
和邦额撰. --清刊

　　②缺(卷1-9)

　　0871　足本全图荡寇志演义　七
十回/(清)俞万春等撰. --民国间上
海广益书局刊

　　⑤全

　　0872　聊斋志异　十六卷/(清)
蒲松龄撰

　　1.清道光三年(1823)经纶堂刊
　　⑥缺(卷2、4-8、10-16)
　　2.清道光三年(1823)经国堂刊
　　②缺(卷3、7-8、10-13)
　　3.清道光二十六年(1846)刊
　　③缺(卷2-3、9-10、12-16)
　　4.清道光间刊
　　⑥缺(卷1-5、8-9、11、14)
　　5.民国间中华书局刊
　　⑥缺(卷1-10、12-16)

　　0873　聊斋志异　二十四卷/
(清)蒲松龄撰. --清刊

　　②缺(卷1-6、9-11、13、17-22)

　　0874　详注聊斋志异图咏　十四
卷/(清)蒲松龄撰　(清)吕湛恩
注. --清刊

　　②缺

　　0875　飞龙全传　二十卷六十
回/(清)吴璿撰. --清刊

　　②缺(卷1-2、4-5)

　　0876　平山冷燕　四卷二十回/
(清)天花藏主人撰. --清刊

　　封面题第四才子书

　　②全

　　0877　增评补图石头记/(清)曹
雪芹撰　护花主人评. -- 清光绪二十
六年(1900)刊

　　②缺

　　0878　绣像全图注释燕山外史
八卷/(清)陈球撰. --清光绪三十二
年(1916)上海海左书局刊

　　②缺(卷3-4)

　　0879　西游原旨　二十四卷首一
卷/(清)刘一明撰. --清嘉庆间重刊

⑥缺(卷1－2、10－18)

0880　庸庵笔记　六卷／(清)薛福成撰. --民国六年(1917)上海扫叶山房刊

⑤全

0881　渔矶漫钞　十卷／(清)雷琳　(清)汪琇莹等撰. --民国二年(1913)上海扫叶山房刊

⑤全

0882　西湖佳话　十六卷／(清)古吴墨浪子辑. -- 清嘉庆二十二年(1817)刊

③缺(卷5－16)

0883　绣像精忠传　八卷／(清)佚名编绘. -- 清经文堂刊

②缺(卷3－4)

0884　绘图续聊斋志异／(清)佚名编绘. --清刊

②缺(存卷2－6)

0885　两般秋雨庵随笔　八卷／(清)梁绍壬撰

1.清道光间文德堂刊

②缺(卷4－7)

2.清光绪十年(1884)钱塘许氏吉华堂重刊

⑤缺(卷4－8)

3. 民国七年(1918)上海扫叶山房刊

⑤全

0886　绣像施公案　八卷九十七回／(清)佚名编绘

1.清道光十九年(1839)刊

③缺(卷5－8)

2.清刊

②缺(卷1－2、5－8)

0887　绣像绿牡丹全传　八卷／(清)佚名编绘. --清刊

⑥缺(卷1、3－8)

0888　说唐薛家府传(又名说唐演义后传)　五十五回／(清)如莲居士编. --清刊

③缺(回3－55)

0889　济公传／(清)佚名撰. --清光绪三十二年(1906)简青斋书局刊

②缺(存卷6)

0890　十一史通俗演义／蔡东藩撰. --民国二十四年(1935)上海会文堂新记书局刊

⑤全

0891 暗流／甘永柏撰. --民国三十五年(1946)文光书店刊
⑤全

0892 增评加批金玉缘图说／蝶芗仙史评订. --民国刊
⑥缺(存回 3－4、9－10、13－16)

0893 加批绘图增像西游记 一百回／佚名批注. --民国间天宝书局刊
⑥缺(存卷 2)

0894 足本绣像铁冠图全传 四卷／佚名编绘. --民国间刊
⑥全

0895 绘图东汉演义／佚名编绘. --民国上海大成书局刊
⑥缺(存卷 2)

0896 绘图今古奇观／佚名编绘. --民国十四年(1925)鸿奉书局刊
②缺

0897 绘图东周列国志 二十三卷／佚名编绘. --民国间刊
③缺(卷 1－4、9－23)

0898 绘图三国志演义 十卷／佚名编绘. --民国间刊

②缺(卷 1－2、5－8)

0899 绣像七侠五义全卷 六卷／石玉昆述. -- 民国八年(1919)刊
②缺

0900 显微志演义 十卷／佚名抄. -- 民国二十一年(1932)手抄本
②缺(卷 8)

宗教类

释 家

0901 妙法莲华经 七卷／(晋)鸠摩罗什译. -- 清同治十一年(1872)金陵刻经处刊
④全

0902 童蒙止观六妙法门 二卷／(隋)智𫖮撰. --清光绪十八年(1892)金陵刻经处刊
④全

0903 大乘起信论疏 四卷／(隋)慧远撰. --清光绪三年(1877)长沙刻经处刊
④全

0904　大佛顶首楞严经　十卷／
（唐）般剌密帝译. -- 清刊
　　④全

0905　因明入正理论疏　八卷／
（唐）窥基撰. -- 清光绪二十二年
（1896）金陵刻经处
　　⑥全

0906　六祖大师法宝坛经　一
卷／（唐）慧能述　（唐）法海录
　　1. 光绪七年（1881）长沙刻经处刊
　　⑥全
　　2. 民国十八年（1929）金陵刻经
处刊
　　④全

0907　圆觉经近释　六卷／（明）
通润释. -- 清光绪十二年（1886）刊
　　④全

0908　佛教各宗派源流／（清）太
虚撰. --民国十九年（1930）刊
　　④缺（存1册）

0909　静坐法精义　一卷／（清）
丁福保撰. --民国十五年（1926）重刊
　　④全

0910　禅门日诵诸经　一卷／

（清）徐文灏辑
　　1. 清光绪二十一年（1895）刊
　　③全
　　2. 民国十九年（1930）据湖北归元
寺藏本重刊
　　④全

0911　不可录／（清）印光撰. --
民国八年（1919）上海宏大纸号刊
　　③全

0912　初机净业指南／（清）印光
撰. --民国十一年（1922）刊
　　④全

0913　阿弥陀经白话解释　上下
卷附修行方法／（清）印光鉴定　（清）
黄智海演述　（清）黄庆澜撰. --民国
十六年（1927）上海大中书局刊
　　⑥全

0914　金刚经注释　二卷／（清）
欧阳泰注. --清光绪二十四年（1898）
鄂垣宏道堂刊
　　④全

0915　觉世金志／（清）卜锡爵
录. -- 清光绪二十九年（1903）郧阳府
觉世善堂刊
　　②缺（存卷1）

③缺(存卷1)

0916　大结缘 / (清)慎行辑. --
清光绪三十二年(1906)刊
②缺(存1册)

0917　杂表全集/ (清)佚名辑. --
1. 清同治十二年(1873)友直堂刊
③缺(存1册)
2. 清宣统三年(1911)重刊
③缺(存1册)
3. 天运壬子年新刊
③缺(存1册)

0918　三教合一新经 / (清)佚名
辑. --安化文社刊
⑥缺(存卷7 – 9)

0919　九层天文/ (清)佚名辑. --
清光绪二十四年(1898)郧邑节孝佛堂
新刊
⑥缺(存1册)

0920　迷津普渡　四卷/ (清)佚
名辑. --清光绪三年(1877年)刊
②缺(卷2 – 3)

0921　三教万佛缘经/ (清)佚名
辑. -- 清光绪二十四年(1898)房邑东
乡八道河广庆寺刊

③缺(存1册)

0922　增补地理直指原真大全 /
(清)彻莹撰
1. 清同人堂刊
③缺(存卷1 – 6)
2. 清三余堂刊
⑥缺(存卷1)

**0923　观音济度本愿真经　上下
卷 /** (清)佚名辑. --清萧德垣重刊
⑥全

0924　十二圆觉/ (清)佚名辑. --
清光绪十年(1884)养性堂刊
③缺(存1册)
⑥缺(存1册)

**0925　大佛顶如来密因修证了义
诸菩萨万行首楞严经/** (清)佚名辑. --
清刊
②缺(存卷5 – 6)

0926　严遵佛规　一卷/ (清)佚
名辑. --清同治八年(1869)刊
②全

0927　十字醒俗　一卷/ (清)佚
名辑. --清同治四年(1865)忠义堂刊
②全

0928　达摩宝传　上下卷/（清）佚名辑. -- 清刊

③全

0929　醒迷录　上下卷／（清）醒迷子撰. --清刊

②全

0930　合刻般若波罗密多心经注解／（清）圆通撰. -- 清咸丰十年（1860）刊

②缺（存1册）

0931　岳山宝传/佚名辑. --民国十三年（1924）重刊

③缺（存1册）

0932　圣教科仪圣诰集要/佚名辑. --民国十年（1921）湖北老河口安化文社刊

③缺（存1册）

0933　玉历至宝钞　八章/素行子王子达重编

1. 民国九年（1929）上海宏大善书局刊

③缺（存1册）

2. 民国二十一年（1932）上海明善书局刊

⑥全

0934　住心品纂注　上下卷/佚名辑. --民国十六年（1927）武汉印书馆代刊

⑥全

0935　济佛十品经/佚名辑. --民国十九年（1903）庆余堂刊

⑥缺（存1册）

0936　发菩提心论略释　上下卷/佚名辑. --民国间武昌弘化社印经处刊《佛学讲义》本

⑥全

0937　报母血盆经　上下卷/佚名辑. --民国十四年（1925）南阳明善堂刊

⑥全

0938　男女报恩经/佚名辑. --民国元年（1911）竹山西乡东管家河秉礼堂刊

③缺（存1册）

0939　周天祖派/佚名辑. --民国二十八年（1939）刊

③缺（存1册）

0940　金刚经心经合刻　一卷/佚名辑. --民国十五年（1926）刊

②全

道家

0941　老子道德经／（晋）王弼注．--清宣统三年（1911）上海扫叶山房刊

⑤全

0942　庄子注　十卷／（晋）郭象撰

1.清刊

④全

2.民国六年（1917）育文书局刊

⑤全

⑥缺（卷7－8）

0943　悟真篇注疏　三卷／（宋）张伯端撰．--清刊

②缺（卷1、3）

0944　庄子南华真经解　六卷／（清）宣颖解

1.民国三年（1914）尚古山房刊

⑥全

2.民国十三年（1924）江左书林顺记刊

⑤全

0945　神训必读附灶王真经灵笺／

（清）佚名辑．--清光绪三十年（1904）重刊

⑥缺（存1册）

0946　庄子王氏注　二卷／（清）王闿运撰．--清刊

④缺（卷1）

0947　日用须知　上下卷／（清）石商典辑．--清光绪元年（1875）重刊

②缺（卷下）

0948　三指禅　三卷／（清）梦觉道人撰

1.清道光十二年（1832）宏道堂刊

②全

2.清湖南书局重刊

②全

0949　金仙证论　一卷／（清）柳华阳撰．--清道光二十八年（1848）宏道堂刊

⑥全

0950　新刻黄掌纶先生评订神仙鉴（又名历代神仙通鉴）　二十二卷／（清）徐衜撰

1.清生生馆刊

⑥缺（卷3－5、8－16、18－22）

2.清刊

②缺（卷 1 - 2、4 - 6、9 - 10、12 - 15、16 - 22）

④缺（卷 1 - 4）

0951　觉世经注解图证合编　四卷／（清）唐振拔原注　（清）黄正元图说. -- 清光绪二十五年(1899)郧阳府何氏古麋述善堂刊

⑥缺（卷 2）

0952　福惠全书　三十二卷／（清）黄六鸿撰. -- 清光绪十九年(1893)京都文昌会馆刊

②缺（卷 1 - 7、17 - 28）

0953　张三丰先生全集　八卷／（清）李西月辑. -- 清光绪二十六年(1900)刊

⑥缺（存玄要篇）

0954　吕祖指玄篇秘注　一卷／（清）本诚子撰. -- 清光绪十三年(1887)重刊

②全

0955　暗室灯　上下卷／（清）深山撰

1. 清道光九年(1829)广善堂刊

⑥全

2. 清道光间郡城方益元堂刊

⑥全

3. 清同治四年(1865)刊

②全

4. 清光绪十八年(1892)刊

②全

5. 民国十一年(1922)湖北老河口谭家街精雅斋刊

③全

0956　汇纂功过格　十二卷／（清）云间善人撰. -- 清咸丰十年(1860)重刊

⑥缺（卷 1、3、5 - 9）

0957　十四层启蒙捷诀　上下卷／（清）曹原亮撰. -- 清道光十八年(1838)五车楼刊

③缺（卷下）

0958　破迷宗旨／（清）彭德源撰. -- 清同治十一年(1872)年刊

②缺

0959　大洞金匮玉经宝忏　三卷／（清）辛汉臣撰. -- 清光绪九年(1883)郧阳府竹山西乡总兵庵重刊

④全

0960　归原宝筏　上下卷／（清）沧海老人撰. -- 清光绪九年(1883)

重刊

　　②缺（卷上）

　　⑥缺（卷上）

0961　成平宝录／（清）胡道全
撰. --清光绪三十二年（1906）湖北上
庸杨盛元刊

　　②缺

0962　阴骘文合编／（清）佚名
辑. --清刊

　　②缺（存1册）

0963　七真天仙宝传　上下卷/
（清）佚名辑

　　1.清光绪二十七年（1901）刊

　　②全

　　2.清光绪三十四年（1908）刊

　　③全

0964　修真宝筏／（清）佚名辑. --
清光绪十年（1884）湖北溪邑养性堂刊

　　②缺

0965　灶君真经注解　三卷/
（清）佚名辑. --清光绪二十五年
（1895）九好善堂重刊

　　②缺

0966　玉经笺注合参／（清）佚名

辑. --清刊

　　⑥缺（存10册）

0967　关圣帝君戒士子文案／
（清）佚名辑. -- 清光绪十年（1884）湖
北古麇城吉祥庵刊

　　⑥缺（存1册）

0968　太乙救善天尊　一卷/
（清）佚名抄. --清抄本

　　②全

0969　新刻韩仙宝传/（清）佚名
辑. --清同治十一年（1872）黔南文昌
宫内霖书馆刊

　　③缺（存1册）

0970　神训旁注便读　一卷/
（清）佚名辑

　　1.清咸丰三年（1853）刊

　　⑥全

　　2.清咸丰二十二年（1861）靳阳崇
德斋刊

　　⑥全

　　3.清同治十三年（1874）郧阳府城
清怀堂刊

　　②全

　　4.民国三年（1914）刊

　　③全

0971 新注道德经白话解说 上下卷 / 江希张注解. --民国十七年(1928)北京白云观翻印

②全

0972 救劫春 四卷 / 高镜如撰

1. 民国十七年(1928)刊

②缺

2. 民国二十三年(1934)上海宏大善书局刊

③全

0973 圣教指南 / 崇正宝坛宣化文社撰. --民国初崇本堂刊

⑥缺(存卷2)

0974 绣像韩湘子全传 / 雉衡山人编. -- 民国间刊

③缺(存卷2)

0975 贤良祠吕祖简编 / 佚名辑. --民国间刊

⑥缺(存1册)

0976 灶君真经 一卷 / 佚名辑. --民国十九年(1930)刊

②全

0977 居士日课 / 佚名辑. --民国二十六年(1937)竹溪辅化文社刊

③全

0978 救劫真诠汇编 / 佚名辑. --民国二十年(1931)郧县友仁堂刊

⑥缺(存1册)

其它宗教

0979 圣教要理详解 / 泰西方济各会士述. -- 民国二十一年(1932)武昌永盛印书馆代印

③缺(存1册)

0980 福音教入门问答 一卷 / 佚名辑. --民国九年(1920)刊

②全

集 部

楚辞类

0981 楚辞章句 十七卷／(汉)
王逸撰. --清长沙南阳街聚德堂刊
⑤全

0982 楚辞集注 八卷辩证二卷
后语六卷／(宋)朱熹撰
1.清光绪三年(1877)湖北崇文书
局刊
⑤全
2.清光绪二十二年(1896)新化三
味堂刊
⑥缺(存辩证)

0983 离骚九歌释 一卷／(清)
毕大琛撰. --清光绪十八年(1892)补
学斋刊
②全

别集类

汉魏六朝

0984 蔡中郎集 十卷外集四
卷／(汉)蔡邕撰. --清光绪十六年
(1890)番禺陶氏庆庐刊
⑤全

0985 陈记室集 一卷／(魏)陈
琳撰. --清刊
④全

0986 陶渊明集 八卷末一卷／
(晋)陶潜撰. --清光绪五年(1879)广
州翰墨园刊
⑤全

0987 陶渊明集 十卷／(晋)陶
潜撰
1.清光绪间刊
⑤全
2.清刊
②缺(卷1-2)

0988 陶渊明文集 十卷/（晋）陶潜撰. --清宣统元年（1909）著易堂依汲古阁本刊

⑤全

0989 景宋本笺注陶渊明集 十卷/（晋）陶潜撰 （宋）李公焕笺注. --清宣统三年（1911）重刊

④全

0990 沈隐侯集 二卷/（南朝梁）沈约撰. --清善化章氏重刊《汉魏六朝百三家集》本

⑤缺（卷首）

0991 陶隐居集/（南朝梁）陶弘景撰. --清光绪十八年（1892）善化章经济堂重刊

⑤全

0992 梁元帝集 二卷/（南朝梁）梁元帝撰. --清光绪十八年（1892）善化章经济堂重刊

⑤全

0993 梁武帝集 二卷/（南朝梁）梁武帝撰. --清光绪十八年（1892）善化章经济堂重刊

⑤全

0994 徐孝穆全集 六卷备考一卷/（南朝陈）徐陵撰 （清）吴兆宜注 备考（清）徐文炳撰. --清刊

④缺（卷1－2）

0995 庾子山集 十六卷总释一卷附一卷/（北周）庾信撰 （清）倪璠注

1. 清光绪十六年（1890）成都试院刊

⑤全

2. 民国十二年（1923）沔阳卢氏慎始基斋刊《湖北先正遗书》本

⑤全

唐五代

0996 王子安集注 二十卷末一卷/（唐）王勃撰 （清）蒋清翊注. --清光绪九年（1883）吴县蒋氏双唐碑馆刊

⑤全

0997 杨盈川集 十卷/（唐）杨炯撰. --清丛雅居邹氏刊《初唐四杰集》本

⑤全

0998 陈子昂诗文全集 五卷/（唐）陈子昂撰. --清咸丰四年

（1854）刊

⑤全

0999　唐丞相曲江张文献公集十二卷附录一卷附曲江集考证二卷/（唐）张九龄撰　（清）温汝适校并考证

1. 清光绪十六年（1890）镜芙精舍刊

⑤全

2. 民国三十五年（1946）上海商务印书馆刊《广东丛书》本

⑤缺（卷3－12）

1000　王摩诘集　六卷/（唐）王维撰．--民国十五年（1926）上海会文堂书局刊

⑤全

1001　李太白文集　三十六卷/（唐）李白撰　（清）王琦辑注

1. 清刊

②缺

⑥缺（卷2－36）

2. 民国十年（1921）上海扫叶山房刊

⑤全

3. 民国二十五年（1936）中华书局刊

⑥缺（卷1－10、15－36）

1002　李太白全集/（唐）李白撰．--民国二十四年（1935）上海中央书店刊

①全

1003　杜少陵全集/（唐）杜甫撰．--民国二十五年（1936）上海广益书局刊

①全

1004　陆宣公集　二十二卷/（唐）陆贽撰

1. 清咸丰元年（1851）刊

④全

2. 清光绪二十七年（1901）焕文书局刊

③缺（卷6－12、18－22）

3. 清善化杨岳斌重刊

⑥缺（卷1－17、21－22）

4. 民国六年（1917）上海会文堂书局刊

⑤全

1005　昌黎先生集　四十卷/（唐）韩愈撰．--清宣统二年（1910）上海扫叶山房刊

⑤缺（卷3－40）

1006　韩昌黎全集　四册/（唐）韩愈撰．--民国二十四年（1935）上海

中央书店刊《国学基本文库》本

　⑤缺(册2)

1007　昌黎先生诗集注　十一卷／（唐）韩愈撰　（清）顾嗣立删补. -- 清光绪九年(1883)广州墨园刊

　⑤全

1008　白香山诗集　四十卷／（唐）白居易撰　（清）汪立名编注. --清刊

　④全

1009　河东先生文集　六卷／（唐）柳宗元撰. --清宣统二年(1910)上海会文堂书局刊

　⑤全

1010　李长吉集　四卷外卷／（唐）李贺撰. --民国间中国书画会社据渔书楼本刊

　⑤全

1011　李长吉歌诗　四卷／（唐）李贺撰　（清）王琦编辑. --清光绪四年(1878)宏达堂刊《宏达堂丛书》本

　⑤全

1012　樊南文集详注　八卷／（唐）李商隐撰. --清乾隆三十二年

(1767)德聚堂重刊

　④全

1013　玉溪生诗集笺注　三卷附录一卷／（唐）李商隐撰　（清）冯浩笺注. --清聚德堂重刊

　④全

1014　玉溪生诗详注　三卷／（唐）李商隐撰　（清）冯浩注. --清刊

　②全

1015　温飞卿诗集笺注　九卷／（唐）温庭筠撰　（明）曾益注　（清）顾嗣立重订. -- 清秀野草堂刊

　⑤全

1016　孙可之文集　二卷／（唐）孙樵撰. --民国十七年(1928)上海会文堂新记印局刊

　⑤全

1017　笠泽丛书　七卷补遗一卷续补遗一卷／（唐）陆龟蒙撰. --清嘉庆二十四年(1819)刊

　⑤全

1018　樊川文集　二十卷外集一卷别集一卷／（唐）杜牧撰. --清光绪

二十二年（1896）成都景苏园据宋本影印

⑤全

1019　皮日休文薮　十卷／（唐）皮日休撰

1. 清光绪二十一年（1895）合肥李松寿仿宋本

③全

2. 民国十二年（1923）沔阳卢氏慎始基斋刊《湖北先正遗书》本

⑤全

1020　习之先生文集　二卷／（唐）李翱撰. --民国十四年（1925）上海全文堂刊

⑤全

宋

1021　元宪集　三十六卷／（宋）宋庠撰. --民国十二年（1923）沔阳卢氏慎始基斋刊《湖北先正遗书》本

⑤全

1022　庐陵欧阳文忠公集　一百五十三卷目录五卷／（宋）欧阳修撰. --清乾隆十一年(1746)孝思堂刊

④全

1023　宋大家欧阳文忠公文选　十卷／（宋）欧阳修撰　（宋）归有光选辑. --清刊

⑤全

1024　王临川全集　二十四卷／（宋）王安石撰. --清宣统三年（1911）上海扫叶山房刊

⑤全

1025　王荆文公诗笺注　五十卷／（宋）王安石撰　（宋）李壁笺注. --民国十年（1921）上海商务印书馆刊

⑤全

1026　三苏全集／（宋）苏洵等撰. --清道光十二年（1823）新刊

⑥全

1027　东坡全集　一百一十五卷／（宋）苏轼撰. --清刊

⑥缺（存 10 册）

1028　三苏文集　十六集／（宋）苏轼等撰　（清）邰希雅辑. -- 民国元年（1911）上海会文学社重刊

⑤全

1029　施注苏诗　四十二卷续补

遗二卷／(宋)苏轼撰　(宋)施元之注
续补遗(清)冯景补注

　　1. 清同治光绪间南海孔氏刊《古
香斋袖珍十种》本
　　④缺(卷1－21)
　　2. 上海文瑞楼据原本影印
　　⑤全

　　**1030　杨文节公锦绣策　二卷／
(宋)杨万里撰. --清乾隆五十九年
(1794)刊**
　　④全

　　**1031　诚斋文集(又名杨文节公诗
文全集)　四十八卷／(宋)杨万里
撰. --清乾隆五十九年(1794)刊**
　　④全

　　**1032　诚斋诗集(又名杨文节公诗
集)　四十二卷／(宋)杨万里撰. --民
国间刊**
　　④缺(卷1－3、14－26)

　　**1033　水心文集　二十九卷补遗
一卷／(宋)叶适撰. --清刊**
　　④缺(卷1－12、20－29)

　　**1034　剑南诗钞　一卷／(宋)陆
游撰**
　　1. 清刊

　　⑥全
　　2. 民国九年(1920)上海扫叶山
房刊
　　⑤全

　　**1035　元丰类稿　五十卷目录一
卷／(宋)曾巩撰. --清乾隆二十八年
(1763)查溪重刊**
　　④全

　　**1036　宋大家曾文定公文抄　十
卷／(宋)曾巩撰. --清刊**
　　⑤全

　　**1037　曾南丰全集　五十三卷／
(宋)曾巩撰. --清长洲顾东严重刊**
　　卷端题南丰先生元丰类稿
　　⑤全

　　**1038　山谷诗内集　二十卷外集
十七卷另集二卷外集补四卷另集补一
卷／(宋)黄庭坚撰　(宋)史容等
注. --清光绪间刊**
　　④全

　　**1039　后山集　二十四卷／(宋)
陈师道撰. --清光绪十一年(1885)年
广州龙藏街萃文堂承刊**
　　⑤全

1040　后山诗注　十二卷／（宋）
陈师道撰　（宋）任渊注. --民国七年
（1918）上海文明书局刊
　　⑤全

1041　茶山集　八卷／（宋）曾几
撰. --清刊
　　⑤全

1042　乖崖集存　六卷／（宋）张
咏撰. --民国间刊
　　⑤全

1043　宋宗忠简公文集　四卷／
（宋）宗泽撰. --清同治十二年
（1874）刊
　　⑤全

1044　白石道人四种／（宋）姜夔
撰. --清同治间刊
　　⑤全

1045　文忠烈先生全集　十六
卷／（宋）文天祥撰　（清）文有焕等
辑. --清刊
　　④缺（卷3、14）

1046　指南后录　三卷／（宋）文
天祥撰. --清光绪六年（1880）重刊
　　⑤全

金元

1047　遗山诗集　二十卷／（金）
元好问撰. --民国十五年（1926）上海
商务印书馆刊
　　②缺（卷15－20）

1048　金渊集　六卷／（元）仇远
撰. --清刊
　　⑤全

明

1049　青邱高季迪先生诗集　十
八卷补遗一卷／（明）高启撰　（清）金
檀辑注. --清平湖宝芸堂刊
　　后附扣舷集
　　⑤全

1050　阳明先生文集　十六卷／
（明）王守仁撰. --清道光间刊
　　⑥全

1051　王文成全书　三十八卷／
（明）王守仁撰
　　1. 清道光六年（1826）湖南湘潭刊
　　④缺（卷5、7）
　　2. 清光绪间刊
　　④全
　　3. 民国二年（1913）刊

②缺（卷19－38）

1052　王阳明全集　三十八集／（明）王守仁撰. --民国二十四年（1935）中央书店刊
　　⑤全

1053　杨升庵外集／（明）杨慎撰. --清刊
　　②缺

1054　袁中郎先生全集　二十卷／（明）袁宏道撰. --清刊
　　②缺（卷15－16）

1055　胡文敬公集　三卷／（明）胡居仁撰. --清光绪三十二年（1906）南昌刊
　　④全

1056　智囊　二十八卷／（明）冯梦龙编撰. --清刊
　　题名新增智囊补、增广智囊补
　　⑥缺

1057　耿天台先生全书　十六卷／（明）耿定向撰. --民国间武昌正信印务馆重刊
　　④缺（卷5－6）

1058　念庵集　二十二卷／（明）罗洪先撰. --清刊
　　④全

1059　青螺公遗书　三十六卷／（明）郭子章撰. --清光绪八年（1882）三乐堂刊
　　④全

1060　唐六如集外艳诗／（明）唐寅撰. --民国九年（1920）襟霞阁影印
　　⑤全

1061　归云别集　七十四卷／（明）陈士元撰. -- 清道光十三年（1833）应城吴毓梅刊
　　④缺（卷1－4）

1062　律陶　一卷／（明）王思任撰. --清刊
　　②全

1063　张文忠公文集　十一集／（明）张孚敬撰. --清宣统三年（1911）醉古堂刊
　　⑤全

1064　震川先生集　三十卷／（明）归有光撰. --民国间中华图书馆刊

⑤全

1065　疑雨集　四卷／（明）王彦泓撰.--民国八年（1919）上海扫叶山房刊

⑤全

清

1066　南畇文稿　十二卷／（清）彭定求撰.--清光绪间刊《长洲彭氏家集》本

⑥缺（卷4－12）

1067　寒支初集　十卷／（清）李世熊撰.--清同治十三年（1874）刊

④全

1068　躬厚堂集　二十五卷／（清）张金镛撰.--清同治三年（1864）至光绪四年（1878）刊

④全

1069　梅村诗集　十八卷／（清）吴伟业撰　（清）顾湄等编.--清光绪二十二年（1896）三味堂刊

②缺（卷17－18）

1070　吴诗集览　二十卷附谈薮二卷／（清）吴伟业撰　（清）靳荣藩辑注.--清乾隆四十年（1775）凌云亭刊

②缺

④缺（卷17）

⑤全

1071　笠翁偶集　六卷／（清）李渔撰.--清刊

⑤缺（卷3）

1072　评注李笠翁一家言／（清）李渔撰.--民国十七年（1928）上海刊

⑤全

1073　四忆堂诗集　六卷／（清）侯方域撰

1.清刊

④全

2.民国间上海扫叶山房刊

⑤全

1074　壮悔堂文集　十卷／（清）侯方域撰

1.清本衙藏板

④全

2.民国间上海扫叶山房刊

⑤全

1075　陈检讨集　二十卷／（清）陈维崧撰　（清）程师恭注.--清刊

②缺（卷1－6、8－9、18－20）

1076 竹垞文类 二十六卷／（清）朱彝尊撰. --清刊
②缺

1077 曝书亭集 八十卷附录一卷／（清）朱彝尊撰
1.清会稽陶闾重刊
⑤全
2.清刊
④缺（卷24－25、49－55）
3.民国二十四年（1935）上海商务印书馆刊《国学基本丛书》本
⑤全

1078 受祺堂诗集 三十五卷／（清）李因笃撰. --清刊
④全

1079 瓯香馆集 十二卷补遗二卷附录一卷／（清）恽格撰. --清刊
⑤全

1080 渔洋山人精华录 十卷／（清）王士禛撰. --清刊
④缺（卷1）

1081 渔洋山人精华录笺注 十卷／（清）王士禛撰 （清）金荣笺注（清）徐准纂辑
1.民国七年（1918）上海有正书局刊
⑤全
2.民国间刊
⑤全

1082 渔洋感旧集小传 四卷补遗一卷／（清）王士禛撰 （清）卢见曾补. --民国二年（1913）刊
⑥缺（卷3－4）

1083 蚕尾集 十卷／（清）王士禛撰
1.清宣统三年（1911）上海集成图书公司影印
⑤全
2.清刊
④全

1084 亭林诗集 五卷／（清）顾炎武撰. --清光绪二年（1876）湖南书局刊
④全

1085 望溪文集／（清）方苞撰. --清刊
②缺（存望溪先生集外文部分）

1086 赋学正鹄 十卷／（清）李元度辑. --清光绪十七年（1891）益元书局刊

⑥缺（卷4－9）

1087　赋学正鹄集释　十卷／
（清）李元度辑

1. 清同治十年（1871）刊

②缺（卷2）

⑥缺（卷2－8）

2. 清光绪七年（1881）刊

③缺（卷2－3）

3. 清光绪十一年（1885）刊

②缺（卷10）

1088　增注赋学正鹄笺释／（清）
李元度辑．--清光绪十二年（1886）刊

③缺（存卷1－2）

**1089　分类赋学鸡跖集　三十
卷／**（清）张维城辑．--清道光十二年
（1832）刊

③全

⑥缺（卷7－10、18－30）

1090　古文雅正　十四卷／（清）
蔡世远辑．--民国间上海中华图书
馆刊

⑥全

**1091　紫竹山房文稿二刻附补
遗／**（清）陈兆仑撰．--清光绪二十年
（1894）湖南书局重刊

⑥缺（存句山文稿二、三集）

1092　思绮堂文集　十卷／（清）
章藻功撰．--清康熙六十一年（1722）
凌云书屋刊

④全

⑥缺（卷1－2、6－9）

**1093　小仓山房文集　三十五
卷／**（清）袁枚撰．--民国上海文明书
局刊

⑤全

1094　戴东原集　十二集／（清）
戴震撰．--民国间上海商务印书馆据经
韵楼本刊《四部丛刊》本

④全

1095　聚秀堂庚辰集　五卷／
（清）纪昀辑．--清刊

②缺（卷4）

⑥缺（卷1、3、6）

**1096　阅微草堂笔记（又名纪晓岚
先生笔记）　二十四卷／**（清）纪昀撰

1. 民国七年（1918）会文堂刊

⑥全

2. 民国二十三年（1934）新文化书
社刊

②全

1097 纪文达公遗集 文集十六卷诗集十六卷／（清）纪昀撰. --清嘉庆十七年(1812)两湖书院北书库刊

④缺（文集卷 4－6）

1098 瓯北集 五十三卷／（清）赵翼撰. --清嘉庆十七年(1812)刊

⑤全

1099 惜抱轩全集 八十八卷／（清）姚鼐撰

1. 清嘉庆二十一年(1816)刊

⑥缺

2. 民国三年(1914)上海会文堂书局刊

⑤全

1100 复初斋文集 三十四卷／（清）翁方纲撰. --民国五年(1916)同文图书馆重刊

④全

1101 韫山堂时文／（清）管世铭撰

1. 清嘉庆间刊

⑥缺（存二集）

2. 清光绪六年(1880)湖南书局刊

④全

3. 清刊

②缺（存二集）

⑥缺（存二、三集）

1102 钱南园先生遗集 五卷／（清）钱沣撰. -- 清同治十一年(1872)刊

④全

1103 船山诗草 二十卷补遗六卷／（清）张问陶撰

1. 清嘉庆二十年(1815)经文堂刊

④全

2. 清道光间刊

⑤全

3. 清同治十三年(1874)重刊

⑤全

1104 秣陵集 八卷／（清）陈文述撰. --清刊

④缺（卷 1）

1105 崇百药斋文集 二十卷续集四卷三集十二卷／（清）陆继辂撰. --清光绪四年(1878)合肥兴国州署重刊

④全

1106 合肥学舍札记 十二卷／（清）陆继辂撰. -- 清光绪十六年(1890)合肥兴国州署刊

④全

1107　慎庵文钞　二卷诗钞四卷／（清）左宗植撰. --清光绪元年（1875）武昌刊

④全

1108　胡文忠公遗集　八十六卷／（清）胡林翼撰

1. 清同治六年（1867）刊

④缺（卷22 - 24、37 - 38）

2. 清光绪元年（1875）湖北崇文书局重刊

④全

3. 清刊

②缺（卷4 - 86）

1109　胡文忠公遗集　十卷／（清）胡林翼撰. --清刊

④全

1110　寄岳云斋初稿　十卷补遗一卷回文赋一卷／（清）聂铣敏撰. --清嘉庆间刊

③缺（卷1 - 5、8 - 9）

1111　寄岳云斋诗稿二集／（清）聂铣敏撰. --清嘉庆十三年（1808）文德堂刊

③缺（存卷1）

1112　养知书屋文集　二十八卷

诗集十五卷／（清）郭嵩焘撰. --清光绪十八年（1892）刊

④全

1113　越缦堂集　十二卷／（清）李慈铭撰. --清光绪十六年（1890）刊

④全

1114　白圭堂诗钞　六卷续六卷／（清）江之纪撰. --清光绪十九年（1893）重刊

④缺（诗钞卷1 - 3）

1115　张文节公遗集　二卷／（清）张洵撰. --清同治十一年（1872）刊

④全

1116　白香山诗后集　二十卷／（清）汪立名撰. --清聚英堂刊

⑥缺（卷4 - 7）

1117　散原精舍诗　二卷续集三卷／（清）陈三立撰. --清宣统二年（1910）上海商务印书馆刊

④全

1118　旷视山房小题／（清）丁守存撰. --清同治三年（1864）文光堂刊

②缺

⑥全

1119 丘邦士文集 十八卷／
（清）丘维屏撰．--清光绪元年（1875）
重刊
④全

1120 东坪文集 一卷诗集十二
卷／（清）殷雯撰．--清光绪三十一年
（1905）武昌省垣刊
④全

1121 西圃集 二十四卷／（清）
潘遵祁撰．--清光绪二十三年
（1897）刊
④全

1122 诗序议 四卷／（清）吕调
阳撰．--清刊《观象庐丛书》本
②全

1123 忠雅堂集 四十一卷／
（清）蒋士铨撰．--清刊
②缺（文集）

1124 青虚山房集 十一卷／
（清）王太岳撰．--清光绪间刊
②缺（卷1-2、5-7）

1125 咏物诗选注释／（清）俞琰

辑．--清刊
⑥缺（存1册）

1126 诗联雪椀／（清）张质先
辑．--清刊
⑥缺

1127 丰镐考信录 八卷别录三
卷／（清）崔述撰．--民国间刊
④全

1128 平园杂著内编 十四卷／
（清）林有席撰 （清）林大佐等编．--
清道光六年（1826）刊
④全

1129 荣清楼集 四卷／（清）杨
子坚撰．--清光绪二十三年（1897）东
湖黄氏刊
④全

1130 变雅堂遗集 二十卷／
（清）杜浚撰．--清光绪二十年（1894）
黄岗沈氏刊
④全

1131 抚吴公牍 五十卷／（清）
丁日昌撰．--清光绪三年（1877）刊
④全

1132　云中集　六卷／（清）刘淳
撰. --清光绪九年(1883)李绰裕堂刊
④全

1133　还砚斋全集／（清）赵新
撰. --清光绪八年(1882)桂林黄楼刊
⑥缺

1134　绕竹山房续诗稿　十四
卷／（清）朱文治撰. --清咸丰五年
(1855)刊
②缺(卷7－14)

1135　校订定庵全集　十卷／
（清）龚自珍撰. --清宣统元年(1909)
上海时中书局刊
⑤全

1136　湘绮楼全集　三十卷／
（清）王闿运撰. --清宣统二年(1910)
上海国学扶轮社重刊
⑤全

1137　王湘绮先生全集　四百一
十卷／（清）王闿运撰. --民国十二年
(1923)长沙刊
④缺(存79册)

1138　湘绮楼日记　上下函／
（清）王闿运撰. --民国十六年(1927)

上海商务印书馆刊
⑤全

1139　葆真斋集　六卷／（清）贾
洪诏撰. --清光绪十三年(1887)刊
④全

1140　乐余静廉斋诗稿初集二集
三集续集　五卷／（清）顾复初撰. --
清光绪二年(1876)成都刊
④全

1141　愚斋文稿／（清）杨丕复
撰. --清嘉庆间古溇官署刊
⑥缺

1142　周犊山时文　六卷／（清）
周镐撰. --清同治元年(1826)刊
②缺

1143　薛星使海外文编　四卷／
（清）薛福成撰. --清光绪二十一年
(1895)刊《庸庵全书》本
④缺(卷3)

1144　幸余求定稿　十二卷／
（清）姚浚昌撰. --清光绪十七年
(1891)刊
②缺(卷3－12)

1145　三鱼堂全集　十二卷／（清）陆陇其撰

　　1.清同治间刊

　　⑤全

　　2.清宣统三年（1911）上海扫叶山房刊

　　⑤全

1146　三鱼堂全集　十九卷／（清）陆陇其撰. --清刊

　　④全

1147　子固斋诗存　一卷／（清）田维翰撰. --民国四年（1915）刊

　　④全

1148　曾惠敏公遗集　十七卷／（清）曾纪泽撰. --清光绪十九年（1893）刊

　　④全

1149　知白斋诗钞　五卷／（清）江人镜撰. --清光绪二十三年（1897）刊

　　④全

1150　养云山馆试帖／（清）许球撰　（清）王荣绂注释. --清刊

　　⑥缺（存1册）

1151　云路初基／（清）范世元撰. --清嘉庆十年（1805）上庸书院刊

　　②全

1152　癸巳存稿　十五卷／（清）俞正燮撰. --清光绪十年（1884）刊

　　④全

1153　柽华馆试帖汇钞辑注　十卷／（清）路润生等注. --清道光十四年（1834）刊

　　④全

1154　注释疑云集　四集／（清）王彦泓撰　（清）雷瑨注释. -- 民国十八年（1929）上海扫叶山房刊

　　⑤全

　　⑥缺（卷2－4）

1155　李文忠公全书　一百六十五卷首一卷／（清）李鸿章撰　（清）吴汝纶编

　　1.清光绪三十一年（1905）金陵刊

　　⑤全

　　2.民国十年（1921）上海商务印书馆据金陵本重刊

　　④全

1156　烟霞万古楼文集　六卷／（清）王昙撰

1.清道光十八年(1838)钱泳序刊

④全

2.民国六年(1917)上海扫叶山房刊

④全

1157　有正味斋诗集　十六卷/ (清)吴锡麟撰. -- 清嘉庆十三年(1808)刊

②缺(卷1-3、6-16)

④缺(卷5-16)

⑥缺(卷1-8、13-16)

1158　有正味斋骈体文集　二十四卷/ (清)吴锡麟撰. -- 清嘉庆间刊

④缺(卷1-16)

⑥缺

1159　阴骘文排律诗　一卷/ (清)程鹤樵撰. -- 清道光间刊

⑥全

1160　苏邻遗诗　二卷/ (清)李鸿裔撰. -- 清光绪十四年(1888)遵义黎氏刊

④全

1161　晦明轩稿　一卷/ (清)杨守敬撰. -- 清光绪二十七年(1901)邻苏园刊

④全

1162　胭脂牡丹　六卷/ (清)陈勾山撰. -- 清咸丰八年(1858)重刊

②缺(卷1、3-4、6)

⑥缺(卷2、4)

1163　拙庵丛稿　五卷/ (清)朱一新撰. -- 清光绪二十二年(1896)顺德龙氏葆真堂刊

④全

1164　亦吾庐诗草　八卷/ (清)欧阳云撰. -- 清光绪二年(1876)刊

④全

1165　征息斋遗诗　上下卷/ (清)潘慎生撰. -- 清光绪十三年(1887)杭州刊

⑤全

1166　愈野堂诗集　上下卷/ (清)严复撰　(清)严璩编. -- 民国间刊

⑤全

1167　南丰先生文集　四卷补遗一卷/ (清)刘镐仲撰. -- 民国八年(1919)桐城叶玉麟男刘超同校上海聚珍仿宋印书局刊

⑤全

1168 醒梦斋云水集 四集／（清）一了山人撰. --清宣统元年（1909）万全堂重刊

⑤全

1169 石笥山房全集 十八卷附补遗／（清）胡天游撰. --清宣统二年（1910）上海国学扶轮社刊

⑤全

1170 硕果亭诗 上下卷／（清）李宣龚撰. --民国间刊

⑤全

1171 谭浏阳全集 上中下卷／（清）谭嗣同撰. --民国十四年（1925）上海文明书局刊

⑤全

1172 爱竹山房笔记 六卷／（清）太华山人撰. --民国间抄本

②缺（卷1）

民国

1173 饮冰室文集 上下编／梁启超撰. --民国间刊

⑤全

1174 傅氏文典 三卷／傅子东撰. --民国三十八年（1949）刊

⑥全

1175 履冰子吟草 三编／胡远芬撰. --民国间刊

⑤全

1176 澹庵辛草 二卷／王芙伯撰. --民国三十七年（1948）上海中华书局刊

⑤全

1177 行知诗歌集／陶行知撰. --民国三十六年（1947）大孚出版社刊

①全

总集类

文选

1178 文选 六十卷／（南朝梁）萧统撰 （唐）李善注

　　1. 清乾隆三十七年（1772）学库山房刊

　　题名新刻昭明文选李善注

　　④全

　　2. 清海录轩刊

　　④全

3.清经济堂据海录轩本刊

④全

4.清大文堂刊

⑥缺(卷16－20、42－45、57－60)

5.清刊

②缺(卷1－7、30－32、38－40)

6.民国二十四年(1935)刊

②缺

1179 重订文选集评 十五卷／(清)于光华撰

1.清梓潼会刊

⑥全

2.清务本堂刊

②缺(卷4－8)

1180 西汉文选 七卷／(清)储欣评. -- 清乾隆五十年(1785)二南堂刊

⑥缺(卷3－7)

1181 唐宋八大家类选 十四卷／(清)储欣评

1.清乾隆五十年(1785)二南堂刊

⑥缺(卷3－4、8－14)

2.清刊

②缺(卷1－10)

1182 宫闺文选 二十六卷／(清)周寿昌辑. -- 清道光间刊

⑥缺(卷1－12、18－26)

1183 古文观止 十二卷／(清)吴楚才 (清)吴调侯辑

1.清道光十二年(1832)刊

②缺(卷8)

2.清光绪五年(1879)刊

②全

3.清光绪十九年(1893)刊

③缺(卷3－12)

4.清光绪二十年(1894)经国书局刊

②缺

5.清光绪三十二年(1906)会友堂刊

⑥缺(卷7－10)

6.清刊

⑥缺(卷3－6、11－12)

7.民国三年(1914)刊

②全

8.民国三十六年(1947)刊

②缺

9.上海鸿宝斋刊

③缺

1184 古文析义 十六卷／(清)林西仲撰

1.清乾隆十二年(1747)刊

⑥缺(卷2－4、8－12、14－15)

2.清刊

③缺
⑥缺

1185　古文释义　八卷／（清）余
自明评注
　　1.清嘉庆十一年（1806）刊
　　②全
　　2.清嘉庆十一年（1806）桂月楼刊
　　③缺（卷3－8）
　　④全
　　3.清嘉庆间宝树堂刊
　　③缺（卷6、8）
　　4.民国七年（1918）上海天宝书
局刊
　　②全
　　③缺（卷5－8）
　　⑥全

1186　言文对照古文评注　十
卷／过商侯原编．--民国四年（1915）
上海广益书局刊
　　③缺（卷4－5、7－10）
　　⑥缺（卷3－4、6－7）

历代等

1187　玉台新咏　十卷／（南朝
陈）徐陵撰．--民国四年（1915）上海扫
叶山房刊
　　⑤全

1188　唐宋八大家文钞／（明）茅
坤辑．-- 清刊
　　⑥缺

1189　汉魏六朝一百三家集／
（明）张溥辑．-- 清八闽徐博刊
　　④缺（陈记室集、陶隐居集）

1190　明诗综　一百卷／（清）朱
彝尊编．-- 清刊
　　②缺（卷1－59、64－100）

1191　唐诗别裁集　二十卷／
（清）沈德潜选编
　　1.清道光十八年（1838）刊
　　④全
　　2.清刊
　　②缺

1192　明诗别裁集　十二卷／
（清）沈德潜选编．-- 清刊
　　③缺

1193　五朝诗别裁集　八十卷／
（清）沈德潜选编．-- 清刊
　　⑥缺（唐诗别裁集缺、宋诗别裁集
全、元诗别裁集缺、明诗别裁集缺、清诗
别裁集缺）

1194　全唐诗　十二函九百卷一

百二十册／（清）曹寅　（清）彭定求等修纂. -- 清刊

　　③缺(1 函册 3 - 4、8 函册 2、10 函册 5、11 函册 5)

1195　七家诗详注　七卷／（清）张熙宇评选　（清）石晖甲笺注

　　1.清光绪三年(1877)京都刊

　　④缺(卷 5)

　　2.清光绪十六年(1890)湖南晓云山房刊

　　②缺(卷 3)

　　⑥缺(卷 5)

1196　硃批七家诗选注解　七卷／（清）张熙宇评选　（清）张昶注解.--清道光二十九年(1849)富春堂刊

　　③缺(卷 5 - 7)

1197　湖海诗传　四十六卷／（清）王昶编. -- 清嘉庆八年(1803)三茆渔庄刊

　　②缺(卷 14 - 17、22 - 25)

1198　古文辞类纂　七十四卷／（清）姚鼐选编

　　1.清道光五年(1825)金陵吴启昌刊

　　④缺

　　2.清同治八年(1869)江苏书局据道光康氏本重刊

　　②缺(卷 59 - 68)

　　3.清光绪二十七年(1901)滁州李氏求要堂刊

　　⑤全

　　4.清刊

　　③缺

　　5.民国间上海商务印书馆刊

　　③缺(卷 1 - 10、21 - 74)

1199　正续古文辞类纂　七十四卷续三十四卷／（清）姚鼐选编　续（清）王先谦编

　　1.清光绪三十三年(1907)上海商务印书馆刊

　　⑥缺

　　2.民国十七年(1928)上海锦章图书局刊

　　⑤全

1200　续古文辞类纂　三十四卷／（清）王先谦编

　　1.清光绪间刊

　　②缺

　　2.清刊

　　③缺

1201　续古文辞类纂　上中下编／（清）王先谦编. -- 清光绪十六年

123

（1890）金陵书局刊

　⑤全

1202　评校音注续古文辞类纂
三十四卷／（清）王先谦编. -- 民国二
十五年（1936）上海文明书局刊

　⑤全

1203　皇朝经世文编　一百二十
卷／（清）贺长龄辑

1.清道光六年（1826）刊

　④缺（卷75－76、102－106）

2.清光绪八年（1882）江右翠筠山
房刊

　④全

3.清光绪十三年（1887）上海广百
宋斋刊

　⑥全

4.清光绪十四年（1888）邵州经纶
书局刊

　②缺（卷2－3、14）

5.清光绪二十三年（1897）艺芸书
局刊

　⑥缺（存41册）

6.清光绪二十八年（1902）上海宝
善书局刊

　②缺（卷1－12、19－36、61－78、
85－90、109－120）

　⑥缺（卷19－23、83－90）

**1204　皇朝经世文续编　一百二
十卷／（清）葛士浚辑**

1.清光绪十四年（1888）上海图书
集成局刊

　②缺（卷57）

　⑥缺（卷5－7、90－93、110－115）

2.清光绪二十二年（1896）上海宝
善书局刊

　②缺（卷7－10、18－25、32－37、
49－63、83－104）

3.清光绪二十三年（1897）艺芸书
局刊

　⑥缺（存14册）

4.清光绪二十八年（1902）上海崇
新书局刊

　⑥全

5.清刊

　③缺（存卷21－31、49－55、115－
120）

**1205　皇朝经世文新编　二十一
卷／（清）麦仲华辑. -- 清光绪间刊**

　②缺（卷1－2、5－6、9、17－18）

**1206　皇朝经世文新编续集　三
十卷／（清）储桂山编. -- 清光绪二十
八年（1902）义记书局刊**

　③缺（卷3－16、23－30）

1207　皇朝经世文三编　八十

卷／(清)陈忠倚辑

1.清光绪二十四年(1898)浙江书局刊

②缺(卷26－40)

2.清光绪二十七年(1901)上海书局刊

⑥缺(卷6－12、14－15、31－35、47－50、65、76、78－80)

1208　皇朝经世文四编　五十二卷／(清)何良栋辑

1.清光绪二十八年(1902)刊

②缺(卷23－30)

2.清刊

⑥缺(存9册)

1209　皇朝经世文五编(又名皇朝新政文编)　二十六卷／(清)金匮阙补斋编.--清光绪二十八年(1902)中西译书会刊

②缺(存1册)

1210　圣叹批才子古文读本　九卷／(清)王之绩评注.--江左书林刊

⑤全

1211　御选唐宋诗醇　四十七卷／(清)清高宗选编.--清刊

②缺

⑥缺

1212　经史百家杂钞　二十六卷／(清)曾国藩编

1.清光绪三十二年(1906)上海商务印书馆刊

③缺(存卷7－8、11－12、16－17、25－26)

2.民国二十五年(1936)上海会文堂新记书局刊

⑤全

1213　古唐诗合解　十二卷／(清)王尧衢选编

1.清爱日堂刊

③缺(卷3－12)

⑥全

2.清经纶堂刊

②缺

③缺(卷3－4、8－12)

3.清宏道堂刊

②缺

⑥缺

4.清善成堂刊

⑥缺

5.清永顺堂刊

③缺(卷3)

6.清令德堂刊

⑥缺

7.清海清楼刊

⑥缺

1214 御选唐宋文醇 五十八卷／（清）允禄等纂. -- 清刊
②缺
④缺

1215 六朝文絜 四卷／（清）许梿评选
1. 清道光五年（1825）刊
④全
2. 民国五年（1916）上海国华书局刊
⑤全

1216 六朝文絜笺注 十二卷／（清）许梿评选 （清）黎经诰笺注. -- 清光绪十五年（1889）上海刊
②缺（卷2－12）

1217 详注馆阁清华续集／（清）吴蔼人等鉴定. -- 清咸丰十一年（1861）刊
③缺（存卷1－4）

1218 缩印陶苏诗合笺／（清）温汝能撰. --清光绪间上海扫叶山房刊
⑥缺（陶诗汇评卷1－2）

1219 全上古三代秦汉三国六朝文 七百四十一卷／（清）严可均辑. -- 清光绪十九年（1893）广州广雅书局刊
④全

1220 古文苑 二十一卷／佚名辑. -- 清光绪十二年（1886）江苏书局刊
④全

1221 皇朝经济文编 一百二十八卷／（清）求自强斋主人辑. -- 清光绪二十七年（1901）上海慎记书庄刊
⑥缺（存7册）

1222 唐四家诗集／（清）胡凤丹辑. -- 清光绪十三年（1887）重刊
④全

1223 唐人三家集 二十六卷／（清）秦思复辑. -- 清宣统三年（1911）刊
⑤全

1224 宋代五十六家诗集／（清）坐春书塾选辑. -- 清刊
⑤缺（存26册）

1225 金元明八大家文选 五十三卷／（清）李祖陶辑. -- 清道光二十五年（1845）刊
⑤全

1226　槐轩解汤海若先生纂辑名家诗　上下卷附续解／（清）佚名辑. --清经国堂刊

⑥全

1227　涵芬楼古今文钞　一百卷／（清）吴曾祺纂录. --清宣统三年（1911）上海商务印书馆刊

⑤全

1228　全汉三国晋南北朝诗　十一集／丁福保编. -- 民国间无锡丁氏刊

⑤全

1229　元四家集　三十四卷／陈乃乾辑. -- 民国十一年（1922）上海古书流通处据元本刊

⑤全

1230　古今文综　四十册／张相选录. -- 民国五年（1916）中华书局刊

⑤全

1231　古今小品精华　上下册／中华书局编辑. -- 民国二十一年（1932）中华书局刊

⑤全

1232　历代军事分类诗选　二十卷／张钫辑. -- 民国间刊

⑤全

1233　军事诗选　八卷／张钫辑. -- 民国二十三年（1934）刊

④全

1234　章太炎文钞　四卷／章炳麟撰. --民国间刊

⑥缺（卷1－3）

诗文

1235　文章轨范　七卷／（宋）谢枋得辑

1.清刊

②缺（卷1－2、4－7）

2.清抄本

②缺

3.民国元年（1912）鄂官书处重刊

⑤全

1236　斯文精华／（宋）苏轼等编. -- 清同治七年（1868）湘潭黄润昌署刊

④缺

1237　元文类　七十卷／（元）苏天爵辑. -- 清光绪十五年（1889）江苏书局刊

④全

1238　古诗源　十四卷／（清）沈德潜编选. -- 清刊

⑥缺

1239　袁文笺正　十六卷补注一卷／（清）袁枚撰

1. 清同治四年（1865）重刊

⑥缺（卷 6 – 11、14 – 16）

2. 清光绪十四年（1888）上海蜚英馆刊

⑥全

3. 清刊

⑥缺

1240　国朝古文汇钞初集　一百七十六卷／（清）朱琦辑. -- 清道光二十六年（1846）吴江沈氏世美堂刊

④缺（存 51 册）

1241　绿雪堂古文钞　二卷／（清）敖册贤撰. -- 清光绪十三年（1887）京师刊

②缺（卷 2）

1242　唐诗合选详解　十二卷／（清）刘文蔚注释

1. 清友于堂刊

④全

⑥缺（卷 1 – 8、11 – 12）

2. 清刊

②缺（卷 1 – 7、11 – 12）

1243　唐诗合选详解　八卷／（清）刘文蔚编注. --清刊

③缺（卷 1、4 – 8）

⑥缺

1244　唐诗三百首注释　六卷／（清）孙洙编选　（清）章燮注

1. 清道光间刊

⑥缺（卷 1 – 4）

2. 清光绪十六年（1890）刊

②缺（卷 3 – 4）

3. 清安定堂刊

⑥缺（卷 1 – 2）

4. 清刊

②缺（卷 1 – 2）

③缺（卷 1 – 5）

1245　注释唐诗三百首　四卷／（清）佚名辑. --上海鸿宝斋书局刊绘图

⑥全

1246　椒园诗钞　七卷／（清）黎庶蕃撰. --清光绪间刊

④全

1247　文盛堂古文　十二卷／
（清）吴□村撰. --清刊
③全

1248　国朝二十四家文钞　二十四卷／（清）徐斐然辑. -- 清刊
⑥缺（卷1－5、8－14、24）

1249　杜诗镜铨　二十卷附录一卷年谱一卷／（清）杨伦撰
1. 清光绪十八年（1892）上海著易堂书局刊
⑤全
2. 清刊
②缺（卷1－7、14－20）
3. 民国十年（1921）刊
⑥全

1250　杜诗详注　二十五卷附编二卷／（清）仇兆鳌撰. --清刊
⑥缺（卷1－18、20－25）

1251　积薪园蒙泉录初集　一卷／（清）王者瑞撰. --清嘉庆二十一年(1816)文盛堂刊新制四书题诗
⑥全

1252　墨香书屋时文摘艳　四集／（清）萧万堂小舫氏编辑. -- 清光绪十二年（1886）上海同文书局重刊
⑥全

1253　注释九家诗／（清）李锡瓒撰. --清文德堂刊
⑥缺（卷1－6）

1254　注释九家诗续集　一卷／（清）李锡瓒撰. 清文德堂刊
②全
⑥全

1255　唐诗三百首续选／（清）于庆元编. -- 清刊
④缺

1256　古文喈凤新编／（清）汪基辑. -- 清刊
⑥缺

1257　皇朝经世文统编　一百零七卷／（清）邵之棠编. -- 清光绪间刊
②缺

1258　八代诗选　二十卷／（清）王闿运编选. -- 清刊
④缺（卷1－7、11－20）

1259　唐诗选　十三卷／（清）王闿运撰. --清宣统三年（1911）刊
④缺（卷2－13）

1260 辽文萃 七卷／（清）王仁俊辑. -- 清光绪三十年（1904）无冰阁刊

附西夏文缀及艺文志补记

④全

1261 八十寿言 一卷／（清）钱文选辑. --清刊

⑥全

1262 槐轩千家诗解 上下卷／（清）吕徵则撰.--清咸丰八年（1858）宏道堂刊

②缺（卷下）

③全

⑥缺（卷上）

1263 瀛海探骊集 八卷／（清）朱延之辑. -- 清京都琉璃厂北奎光斋刊

⑥缺（卷1-2、4）

1264 增广留青新集附泰西礼俗考 二十四卷／（清）伊□□重编. --清光绪二十五年（1899）刊

⑥缺（卷7-8、23-24）

1265 凭山阁增辑留青新集 三十卷／（清）陈枚选 （清）陈德裕增辑

1.清紫文阁刊

⑥缺（卷2、4、7-8、11、13、20、24、30）

2.清聚德堂刊

③缺（卷8、10、12、14-16、22-24、26-29）

1266 国朝闺秀正始集 二十卷／（清）恽珠编辑. -- 清道光间红香馆刊

③缺（卷1-2、7-20）

1267 目耕斋初集二集三集／（清）徐荆闻 （清）沈少潭编. -- 清光绪十四年（1888）刊

②全

1268 宋四六选 二十四卷／（清）曹振镛补编. -- 清刊

④缺

1269 沅湘通艺录 八卷四书文二卷／（清）江标辑. -- 清光绪二十三年（1897）刊

②缺（卷4-6）

1270 湘社集 四卷／（清）易顺鼎 程颂万撰.--清光绪十七年（1891）长沙蜕园刊

④全

1271　新辑志士文录初编　二十四卷／梁启超等编辑. -- 清刊
②缺(卷1 – 20)

1272　历代平民诗选　四卷／张惠衣编辑. -- 民国二十五年(1936)上海商务印书馆刊
⑤全

辞赋骈体回文

1273　历朝赋衡裁注释　六卷／(清)周嘉猷　(清)周珍辑. --清石渠阁刊
③全

1274　增补四书类典赋　二十四卷／(清)甘绂撰. --清刊
⑥缺(卷2 – 3、12 – 24)

1275　国朝常州骈体文录　三十一卷／(清)屠寄辑. -- 清光绪十六年(1890)刊
⑥缺(卷12 – 16、20 – 27、31)

1276　国朝骈体正宗　十二卷／(清)曾燠辑
1.清同治十三年(1874)重刊
⑤全
2.清刊

④缺

1277　皇朝骈文类苑　十五卷／(清)姚燮撰. --清光绪七年(1881)刊
④缺(卷8)

1278　绿雪堂骈体文钞／(清)敖册贤撰. --清刊
②缺(存1册)

1279　诗赋准绳　四册／(清)路德纂. -- 清道光二十三年(1844)刊
③缺(册3)

1280　楹联丛话　十二卷续话四卷三话二卷／(清)梁章钜辑. -- 清道光二十五年(1845)长沙省寓重刊
⑥缺(卷3 – 6、10 – 12、续话、三话)

1281　春联全谱　一册／(清)佚名 辑. --清道光四年(1824)京都永和斋刊
③全

1282　注释少岩赋草／(清)夏思沺撰. --清同治九年(1870)刊
②全

1283　分类赋学　二十二卷／

（清）张继承撰. --清刊

②缺（卷1 – 7、11 – 16）

1284　得得斋对联不俗　六卷／（清）胡为高撰. --清道光二年（1822）青黎阁刊

③缺（卷5 – 6）

1285　国朝律赋偶笺　四卷／（清）沈丰岐笺. -- 清刊

⑥缺（卷2 – 4）

1286　赋学鸡跖集　三十卷续刻二十八卷／（清）张维城辑

1. 清道光十二年（1830）刊

②缺（卷5 – 10、17 – 21）

2. 清光绪二年（1876）海陵书局刊

④全

1287　赋则　四卷／（清）鲍桂星评选. -- 清光绪九年（1883）湖北督学节署重刊

④全

1288　莫愁湖楹联便览／（清）佚名辑. --清光绪五年（1879）刊

④缺（存1册）

尺牍等

1289　音注袁太史尺牍　八卷／

（清）袁枚撰. --清光绪十一年（1885）著易堂刊

②缺

1290　寄岳云斋试帖　上下卷／（清）聂铣敏撰. --清嘉庆十年（1805）宝翰楼刊

②全

③缺（卷下）

1291　女子尺牍教科书／（清）杜芝庭撰. --清光绪三十三年（1907）上海会文学社刊

②缺（存上编）

1292　六梅书屋尺牍　四卷／（清）凌丹陛撰. --清刊

④缺

1293　国朝试帖分韵句解悬鹄集二卷／（清）陈焕笺释. -- 清道光二十二年（1842）刊

⑥缺（卷2）

1294　尺牍一隅　二十卷／（清）陈大溶撰. --清同治六年（1867）台州府署刊

⑥全

1295　批点七家试帖辑注汇钞／

（清）张颐宇辑评　（清）王植桂辑注.--清光绪六年（1880）京师琉璃厂刊

②全

⑥全

1296　雪鸿轩尺牍　四卷／（清）龚萼撰.--清刊

②缺

1297　分类尺牍备览　三十卷／（清）王虎榜撰.--清光绪十四年（1888）刊

⑥缺（卷1—5、8—30）

1298　新编分类秋水轩句解尺牍　四卷／（清）许思湄撰.--民国十五年（1926）上海广益书局刊

⑥缺

1299　湖北试牍续／（清）胡高望撰.--清刊

③缺

1300　最新商务尺牍教科书续集　上下卷／（清）周天鹏撰.--民国二年（1913）上海会文书社刊

③缺（卷下）

1301　最新正草白话尺牍　上下卷／（清）陈小楼撰.--民国六年（1917）上海育文书局刊

③全

1302　试帖最俗解／（清）王臣川注.--清刊

③缺（存1册）

1303　青云集分韵试帖详注　四卷／（清）杨逢春等辑.--清道光二十一年（1841）刊

②缺（卷1）

③缺（卷2—4）

1304　增订尺牍简要见心集　上下卷／（清）汪文芳辑.--清刊

②缺（卷下）

1305　新增时用云笺集　三卷／（清）蒋守诚编辑.--清鸣凤楼刊

③全

1306　春山堂试帖　上下卷／（清）刘林红撰.--清光绪三年（1877）诵清馆刊

②全

1307　江湖尺牍辑要／（清）虞世英辑.--清经文堂刊

②缺（存卷1—6）

③缺（存卷 1-4）

1308　江湖尺牍分韵撮要合集
四卷/（清）虞世英等辑. --清咸丰八年
（1858）宏道堂刊
　③缺（卷 3-4）

1309　分类详注饮香尺牍　四
卷/（清）饮香居士原编　白下慵隐子
释. -- 清刊
　②缺（卷 1）

1310　分类尺牍大成 /周莲第
撰. --民国六年（1917）刊
　②全

1311　书契程式　一卷 /周莲第
撰. --民国八年（1919）刊
　②全

1312　黄山谷书牍　二卷/佚名
辑. --民国四年（1915）上海广益书
局刊
　⑥缺（卷 2）

1313　增注秋水雪鸿轩尺牍合
璧/江阴香校注. -- 民国间上海锦章
图书局刊
　②缺

1314　白话句解新式普通尺牍/佚
名辑. --民国十年（1921）上海广益书
局刊
　③缺（存卷 5）

1315　新撰普通尺牍附详解/佚名
辑. --民国三十二年（1943）上海商务
印书馆刊
　⑥缺（存 1 册）

1316　民国通用普通应用新尺牍/
佚名辑. --民国间刊
　⑥缺（存卷 6）

1317　分类句解交际尺牍大全
十卷/佚名辑. --民国间刊
　②缺（卷 1、3-5、8-9）

1318　分类尺牍观海　十二卷/佚
名辑. --民国十年（1921）广益书局刊
　②缺（卷 1-2、6-7、9-10）

诗文评类

1319　文心雕龙　十卷/（南朝
梁)刘勰撰　（清）黄叔琳注
　1.清养素堂刊
　④全
　2.清刊

②缺(卷1－4、8－10)

3. 民国四年(1915)上海扫叶山房刊

⑤全

4. 上海文瑞楼刊

⑥全

1320 沧浪诗话注 五卷／(宋)严羽撰 (清)胡鉴注.--民国六年(1917)上海朝记书庄刊

⑤全

1321 全唐诗话 六卷／(宋)尤袤撰.--民国间刊

③缺(卷4－6)

1322 随园诗话 十六卷补遗十卷／(清)袁枚撰.--清刊

⑥缺(卷1－5、11－12、卷补1－2、8－10)

1323 唐人试律说 一卷／(清)纪昀撰

1. 清同人堂刊

②全

2. 清学源堂刊

⑥全

1324 雨村诗话 上下卷／(清)李调元撰.--清刊

②全

1325 乐府传声 二卷／(清)徐大椿撰.--清光绪七年(1881)刊《李氏丛刊二十二种》本

⑤全

1326 瓯北诗话 十卷／(清)赵翼辑

1. 清同治十三年(1874)重刊

⑤全

2. 民国十三年(1924)上海扫叶山房刊

⑤全

1327 渔洋诗话 上下卷／(清)王士禛撰 (清)史梦溪评点.--民国十二年(1923)上海会文堂书局刊

⑤全

1328 说诗晬语 上下卷／(清)沈德潜撰.--无锡丁氏校刊

⑤全

1329 陶诗汇评 四卷／(清)温汝能纂订.--清宣统二年(1910)上海扫叶山房刊

⑤全

1330 杜诗言志 十六卷／(清)

佚名撰. --民国间扬州广陵古籍刻印社刊

　　⑤全

1331　五言排律依永集　八卷/（清）张九钺笺释. -- 清乾隆三十一年（1766）重刊

　　⑥缺（卷3－4、7－8）

1332　注释文法狐白后集/（清）周氏评选. -- 清谦亨堂刊

　　⑥缺

1333　古今诗话探奇　二卷/（清）蒋鸣珂辑. -- 民国三年（1914）刊

　　②缺（卷2）

1334　诗学含英　十四卷/（清）刘文蔚辑

　　1. 清益元堂刊

　　③全

　　2. 清英德堂刊

　　③全

　　3. 清刊

　　②缺（卷1－6）

　　⑥缺（卷1－3）

1335　本朝应制排律漱芳集　六卷/（清）李光理等撰. --清同治四年（1865）湘乡曾氏刊

　　④缺（卷4）

1336　韩柳文研究法　一卷/林纾撰. --民国三十五年（1946）上海商务印书馆刊

　　⑥全

1337　中国文学研究（小说月报第十七卷号外）/郑振铎撰. --民国十六年（1927）上海商务印书馆刊

　　①全

1338　诗范/蒋梅笙撰. --民国二十年（1931）世界书局刊

　　①全

1339　文心/夏丏尊　叶圣陶撰. --民国三十八年（1949）上海开明书店刊《开明青年丛书》本

　　①全

1340　汉诗研究　四卷/古层冰. --民国二十四年（1935）上海启智书局刊

　　①全

词曲类

1341　韦庄词注/（唐）韦庄撰

胡鸣盛注. --民国间莲丰草堂刊
⑤全

1342　南唐二主词　上下编／
（五代）李璟　（五代）李煜撰. --民国
二十年（1931）上海光华书局刊
①全

1343　小山词／（宋）晏几道
撰. --民国二十一年（1932）上海光华
书局刊《欣赏丛书》本
①全

1344　草窗词　二卷补二卷／
（宋）周密撰. --清光绪间刊
④全

1345　绝妙好词笺　七卷附续
钞／（宋）周密辑　（清）查为仁
（清）厉鹗笺　续钞　（清）余集辑. --
民国二十年（1931）上海启新书局刊
④全

1346　西厢记　四卷／（元）王实
甫撰. --清刊
封面题第六才子书
②缺（卷1）

1347　足本大字圣叹评注绣像西
厢记　八卷／（元）王实甫撰. --民国

间上海广益书局刊
⑤全

1348　廿一史弹词注　十一卷／
（明）杨慎编. --清乾隆五十一年
（1786）视履堂刊
④全

1349　陶情乐府　四卷／（明）杨
慎撰. --清宣统三年（1911）嵋阳精舍
重刊
⑤全

1350　再生缘　一卷／（明）蘅芜
室撰. --清刊
②缺

1351　燕子笺　上下卷／（明）阮
大铖撰. --清同治十三年（1874）刊
附《缀白裘新集合编》《大收园书》
②全

1352　尊前集　上下卷／（明）佚
名辑. --清刊
卷前有万历嘉兴顾梧芳序
⑤全

1353　双桥小筑词存　六卷／
（清）江人镜撰. --清光绪二十三年
（1897）刊

④全

1354　有正味斋词集　八卷／（清）吴锡麟撰. --清嘉庆间刊

⑥全

1355　词律拾遗　八卷／（清）徐本立撰. --民国间上海中华书局刊

⑥缺（卷1－6）

1356　心日斋词四种／（清）周之琦撰. --清道光间刊

④缺（2种）

1357　来生福弹词　三十六回／（清）橘中逸叟撰. --清同治间刊

⑥缺（回1－20、23－36）

1358　绘图粉妆楼全传／（清）竹溪山人撰. --清刊

②缺（存卷5）

1359　绛跗山馆词录　三卷／（清）张金镛等撰. --清同治十年（1871）刊

④全

1360　郢中酬唱集　四卷／（清）谢偶樵等撰. --清光绪元年（1875）云海楼刊

④全

1361　浮溪精舍词三种／（清）宋翔凤撰. --清道光间刊

④缺（1种）

1362　词林分类次韵便读三字锦　九卷／（清）赵暄撰. --清道光二十二年（1842）刊

⑥缺（卷9）

1363　宋词三百首笺注／（清）朱祖谋辑. -- 民国三十七年（1948）上海神州国光社刊

①全

1364　元曲别裁集　上下卷／（清）卢前编. -- 民国十七年（1928）上海开明书局刊

⑤全

1365　饮虹乐府　九卷／（清）卢前撰. --民国三十七年（1948）刊

⑤全

1366　冰蚕词　一卷／（清）承龄撰. --清道光间刊

④全

1367　新刻校正音释词之家便览

肖曹遗笔　四卷／（清）佚名辑. --清宣统三年（1911）刊
①缺

1368　白雨斋词话　八卷／（清）陈廷焯撰. --民国间上海开明书店据光绪原刊本刊
①全

1369　纳兰词　五卷附补遗／（清）纳兰性德撰. --民国二十二年（1933）上海受古书店刊
①全

1370　宋元名家词　二十卷／（清）江标辑. --清光绪二十一年（1895）湖南思贤书局刊
⑤缺（卷19－20）

1371　温飞卿及其词／卢冀野辑. --民国十九年（1930）上海会文堂新记书局刊
⑤全

1372　集成曲谱　三十二卷／王季烈　刘富梁辑. --民国二十年（1931）上海商务印书馆再版
⑤全

1373　元曲三百首／任中敏编. --民国三十八年（1949）中华书局刊
①全

1374　乐府指迷笺释／蔡嵩云撰. --民国三十七年（1948）刊
⑤全

1375　词选／施瑛辑. --民国三十七年（1948）上海启明书局刊
①全

1376　元人散曲选／刘永济辑. --民国间国立武汉大学印
⑤缺（存1册）

1377　映庵词　四卷／夏敬观撰. --民国二十八年（1939）中华书局刊
⑤全

1378　唐宋名家词选／龙榆生选编. --民国二十三年（1934）上海开明书店刊
①全

丛书部

杂纂类

1379 汉魏丛书 三十八种／（明）程荣辑. -- 清宣统三年（1911）育文书局刊
⑥缺（20种）

1380 古今说海 一百四十二卷／（明）陆楫辑. -- 清刊
④缺

1381 顾氏文房小说 四十种／（明）顾元庆撰. -- 民国二十三年（1934）上海商务印书馆刊
⑤全

1382 增订汉魏丛书 九十六种／（清）王谟辑. -- 民国十四年（1925）上海商务印书馆刊
⑤缺（册31-40）

1383 说铃 六十二种八十三卷／（清）吴震方辑. -- 清刊
⑥缺

1384 雅雨堂丛书 十二种一百三十八卷／（清）卢见曾辑. -- 清乾隆二十一年（1756）刊
④缺（6种）

1385 经训堂丛书 二十一种／（清）毕沅辑. -- 清乾隆间毕氏刊
④缺（10种）

1386 平津馆丛书 四十三种／（清）孙星衍撰. -- 清嘉庆十七年（1812）兰陵孙氏刊
④全

1387 读画斋丛书 八集／（清）顾修辑. -- 清嘉庆四年（1799）刊
④缺（存甲4种：文选理学权舆 文选理学权舆补 文选考异 文选李注补正）

1388 青照堂丛书 四函／（清）李元春辑. -- 清道光十五年（1835）刊
⑥缺

1389 敏果斋七种／（清）许乃钊

辑. -- 清道光间许氏刊

　　④缺(3种:武备辑要　武备辑要
续　练兵实纪)

　　1390　滂喜斋丛书　四函／(清)
潘祖荫辑. -- 清同治光绪间吴县潘氏
京师刊

　　④缺(存5种)

　　1391　唐人丛书　六集／(清)王
文诰辑. -- 清嘉庆间刊

　　④缺(集2、5－6)

　　1392　崇文书局汇刻书(又名三十
三种丛书)／(清)崇文书局辑. -- 清光
绪元年(1878)湖北崇文书局刊

　　④缺(存世说新语)

　　1393　质学会丛书　三十种／
(英)傅兰雅等口译　(清)应祖锡等笔
述. -- 清光绪二十三年(1897)武昌质
学会据制造局本重刊

　　④缺(4册)

　　1394　万国政治艺学全书／(清)
朱大文等编撰. -- 清光绪二十八年
(1902)上海鸿文书局刊

　　　　⑥缺(政治丛考缺　艺学丛考缺
　万国政治最新文编全　万国艺学最
新文编全)

　　1395　邃雅斋丛书　八种／(清)
董金榜辑. -- 民国二十三(1934)影印

　　⑤全

　　1396　四妇人集　四种／(清)沈
绮云辑. -- 清刊

　　②缺(3种)

　　1397　弘正四杰诗集　四种／
(清)张祖同辑. -- 清光绪二十一年
(1895)长沙张氏湘雨楼刊

　　④全

　　1398　四印斋所刻词　二十种／
(清)王鹏运辑. -- 清光绪十四年
(1888)王氏刊

　　④缺(9种及附)

　　1399　琅环猎祭　十二种／(清)
佚名辑. --清刊

　　④缺(存谢华启秀、文选集腋)

　　1400　云自在龛丛书　五集十九
种／缪荃孙辑. -- 清光绪中缪氏刊

　　④缺(3卷)

　　1401　四库全书珍本初集　二百
三十二种／中央图书馆筹备处辑. -- 民
国二十三年至二十四年(1934—1935)
上海商务印书馆据文渊阁本影印

⑤缺（存 17 种）

1402　四部备要　三百五十一种／中华书局辑. -- 民国二十五年（1936）上海中华书局刊
②缺
⑤缺（存 52 种）

1403　四部丛刊　五百零四种／张元济等辑. -- 民国二十五年（1936）上海商务印书馆缩印
⑤缺（存 81 种）

1404　说库　一百七十种／王文濡辑. -- 民国四年（1915）上海文明书局刊
⑤全

1405　四部精华／吴江陆辑. -- 民国间上海世界书局刊
⑤全

1406　道藏举要／商务印书馆辑. -- 民国上海商务印书馆据明本景印
④缺（存黄帝宅经二卷、黄帝龙首经二卷、易林十六卷、黄帝金匮玉衡经一卷、集注太玄经六卷、天原发微十八卷）

郡邑类

1407　湖北丛书　三十一种／（清）赵尚辅辑. -- 清光绪十七年（1891）三余堂刊
④缺（26 种）

1408　金陵丛刻　十五种／（清）傅春官辑. -- 清光绪间刊
④缺（2 种）

独撰类

1409　顾亭林先生遗书　二十一种／（清）顾炎武撰. -- 民国间上海文瑞楼刊
⑤全

1410　顾氏推步简法三种／（清）顾观光撰. -- 清光绪元年（1875）金山钱氏拜金书屋刊
④全

1411　西堂全集　六十一卷／（清）尤侗撰. -- 清刊
④全

1412　船山遗书　六十三种／

（清）王夫之撰. --清同治四年（1865）
湘乡曾氏刊

　　②缺（38 种）

　　④缺

**1413　西河合集　四百九十二
卷**／（清）毛奇龄撰. --清刊

　　②缺（存 12 册）

　　⑥缺（存 14 册）

1414　随园三十八种／（清）袁
枚撰

　　1. 清光绪间刊

　　②缺（存 5 种）

　　③缺（存 1 种）

　　④缺（存 7 种）

　　⑥缺（存 2 种）

　　2. 民国十九年（1930）国学书局刊

　　⑤全

1415　崔东壁遗书／（清）崔述
撰. --民国十三年（1924）上海古书流
通处据清道光陈氏本刊

　　③缺

　　④全

1416　犊山类稿　五种／（清）周
镐撰. --清刊

　　④缺（存 1 种）

1417　邃雅堂学古录　七种／
（清）姚文田撰. --清刊

　　②缺

1418　中复堂全书　十种／（清）
姚莹撰. --清同治六年（1867）刊

　　④缺（7 种）

**1419　罗忠节公遗集（又名罗山遗
集）　八种**／（清）罗泽南撰. --清咸丰
同治间刊

　　④缺（存 6 种）

1420　曾文正公全集　十五种／
（清）曾国藩撰

　　1. 清同治光绪间传忠书局刊

　　④缺

　　2. 清刊

　　②缺

1421　丁文诚公遗集／（清）丁宝
桢撰. --清光绪中丁体常京师刊

　　④全

1422　春在堂丛书／（清）俞樾
撰. --清光绪二十五年（1899）刊

　　④缺

1423　海岳轩丛刻　十种／（清）
杜俞撰

1. 清光绪二十六年(1900)申江刊
④全
2. 清光绪三十三年(1907)刊
②缺(7种)

1424　行素草堂金石丛书(又名孙溪朱氏金石丛书)　二十二种 /(清)朱记荣辑. -- 清光绪十四年(1888)吴县朱氏刊
④缺(2种)

1425　毗陵周氏家集　五种 /周

兹萌等辑. -- 民国十七年(1928)毗陵周氏刊
⑤全

1426　章氏丛书　十三种 /章炳麟撰
1. 民国六年至八年(1917 - 1919)浙江图书馆刊
⑥缺(存4种)
2. 民国十三年(1924)上海古书流通处据浙江图书馆本刊
⑥全

新学部

新学部类

**1427 地学 二卷／（清）沈镐
撰. --清道光二十一年（1841）重刊
④全

1428 代数通艺录 十六卷／
（清）方恺撰. --清刊
②缺

**1429 三角数理 十二卷／（英）
海麻士撰 （英）傅兰雅口译 （清）华
蘅芳笔述. -- 清刊
②缺

**1430 保富述要 一卷／（英）布
来德撰 （英）傅兰雅译. -- 清光绪二
十七年（1901）刊
⑥全

**1431 光学揭要 二卷／（美）赫
士译 （清）朱葆琛述. -- 清光绪二十
七年（1901）刊

⑥全
**1432 湖北支郡师范丙学堂格致
科讲义 四章／（日）山左綦笨鳌等编
讲 （清）佚名译. -- 清刊
②缺

**1433 湖北支郡师范己学堂物理
学讲义／（清）古文光编述. -- 清刊
②缺（存 1 册）

**1434 新理科书／（日）滨幸次郎
等撰 （清）田宗龙 （清）刘昌明合
译. -- 清光绪三十一年（1905）刊
②缺

**1435 西学通考／（清）胡兆鸾
辑. --清光绪二十三年（1897）长沙刊
②缺

**1436 化学元素发见史 六册／
（美）韦刻思·玛丽原撰 黄素封等
译. --民国二十六年（1937）上海商务
印书馆刊《万有文库》本
⑤全

书名笔画索引

五画

一

六画

八画

九画

一

十画

十一画

丿

十四画

十五画

十六画

十七画

十八画